Unterwegs sein und ankommen

RALF BACHMANN

Unterwegs sein und ankommen

Eine Selbstreflexion auf dem Weg zu »Werde, der du bist« (nach Nietzsche)

Bibliografische Information der Deutschen Nationalbibliothek.
Die Deutsche Nationalbibliothek verzeichnet diese Publikation in der Deutschen Nationalbibliografie; detaillierte bibliografische Daten sind im Internet über http://dnb. dnb.de abrufbar.

Die automatisierte Analyse des Werkes, um daraus Informationen insbesondere zu Muster, Trends und Korrelationen gemäß §44b UrhG („Text und Data Mining") zu gewinnen, ist untersagt.

Satz, Umschlaggestaltung, Herstellung und Verlag:
BoD – Books on Demand, Norderstedt

ISBN 978-3-7583-5975-0

Inhalt

Gedichte

VORWORT

Du bist, was Du denkst,
was Du denkst, strahlst Du aus,
was Du ausstrahlst, ziehst Du an,
was Du anziehst, bestimmt Dein Leben.

Buddha

Es begann schon in der späten Schulzeit. In einem dicken A5-Heft sammelte ich Zitate, Sprüche, Gedichte, die mich beim Lesen so ansprachen, dass ich sie »festhalten« wollte – gleichgültig, ob das eine Zweizeiler-Weisheit von Hemingway oder ein längerer Prosatext aus Hesses »Steppenwolf« war. Stets hatte ich das Gefühl, das Gelesene habe viel mit mir zu tun, entweder weil ich genauso dachte oder auch weil das Gelesene Fragen in mir aufwarf oder ich etwas ganz anders sah oder nicht verstand. Es war mir trotz alledem wichtig, und ich griff später mehrfach darauf zurück, um mich immer wieder damit auseinanderzusetzen. Das meiste hat bis heute nicht seine Attraktivität für mich verloren.

Manches landete an der Pinnwand über dem Schreibtisch, später wurde vieles im PC gespeichert. Es kamen eigene Schreibversuche aus meiner Erfahrungswelt dazu, ein kurzer Vierzeiler zum Liebeserlebnis, eine längere Geschichte zu meinen Erfahrungen auf dem Rücken von Pferden und später über drei große Reisen in ferne Welten.

Darüber hinaus galten bestimmte gesellschaftliche Ereignisse aus den Bereichen Bildung, Kultur, Natur und Umwelt als Anlass, mich dazu zu äußern, weil sie für mich die zukunftsweisenden, ja vielleicht sogar überlebenswichtigen Fragen der Menschheit aufwarfen und nach Antworten und Diskussionen geradezu drängten.

Mit dem Älterwerden nehmen die Reflexionen zu. Irgendwann stellt man fest, dass die Lebensmitte überschritten ist, und noch ein paar Jahre später sieht man die Endlichkeit des eigenen Seins. Mit dem Anspruch, im Laufe meines Lebens ein paar wirklich wesentliche Dinge zu erfassen und eigene Meinungen dazu ansatzweise in welcher Form auch immer zu Papier bringen zu wollen, ordnete ich das Erlebte und Geschriebene in der jüngsten Vergangenheit. Vielleicht interessieren sich irgendwann irgendwelche Menschen in ähnlicher Weise für diese meine Themen- und Erfahrungswelten. Vielleicht meine beiden längst erwachsen gewordenen Kinder. In erster Linie jedoch war es die Suche nach mir selbst, meine Selbstfindung. Die kleine Sammlung soll keine Autobiografie im herkömmlichen Verständnis sein, auch keine lückenlos dokumentarisch dargestellten Annalen. Es sind meine gesammelten Gedanken- und Gefühlswiedergaben sowie Ausdrücke meines Meinungsbildungs- prozesses über sechs Jahrzehnte hinweg.

Vom Anfang

Einschulungserlebnis

(Grundlage war eine Befragung im Rahmen einer wissenschaftlichen Studie zur pädagogischen Biografieforschung an der PH Erfurt 1996)

Vater, Mutter und ich wohnten in Lichtentanne, einem etwa sechs Kilometer von der Kreisstadt Zwickau entfernt gelegenen Dorf. Mein Bruder ist acht Jahre jünger als ich, sodass ich bis in meine erste Schulzeit hinein als Einzelkind aufwuchs. Lichtentanne ist ein lang gestreckter Ort mit halb ländlichem Charakter. Neben wenigen Bauernhöfen gibt es hier Wohnungen für viele Arbeiter aus dem nahegelegenen Bergbau- und Industriebereich.

In meiner frühen Kindheit wohnten wir sehr beengt in einer Zwei-Zimmer-Mansardenwohnung im Oberdorf. Als wir 1957 in eine größere Wohnung ins Niederdorf umzogen, hieß das für mich, von meinem besten Spielkameraden Abschied zu nehmen, mit dem ich durch Dick und Dünn gegangen war. Unseren großzügigen Spielraum, den großen gepflasterten Hof gleich am Haus, das freie Gelände mit Wiese und Bach hinter dem Hof, das in ein Wäldchen mündete, hatten wir gemeinsam erforscht. Dort hatten wir unseren Freiraum gehabt. Später war noch der Schrebergarten hinzugekommen. Ein weiterer Spielgefährte war der alleinlebende Mann, bei dem wir gewissermaßen zur Untermiete wohnten. Mit ihm spielte ich besonders oft Karten. Er strahlte eine besondere Ruhe aus und duftete nach Pfeifentabak.

Meine Eltern erzogen mich nicht streng. Nur in Fragen der Pünktlichkeit, Ehrlichkeit und Zuverlässigkeit ließen sie nicht mit sich reden. Meistens war meine Mutter zu Hause und konnte sich um mich kümmern. Mein Vater arbeitete zu dieser Zeit im Reichsbahnausbesserungswerk Zwickau und qualifizierte sich gerade zum Industriemeister.

Meine Eltern praktizierten keine strenge religiöse Erziehung. Aber sie führten mich an religiöse Fragen heran. Es war in meinem Elternhaus von Anfang an eine sehr offene Situation für mich. Meine Eltern trieben mich nicht in eine bestimmte Richtung. Sie machten mich aufmerksam, brachten mir verschiedene Probleme

13

nahe, aber an mir lag es letztlich, in welche Richtung ich »lief«. Ich genoss zu Hause große Freiheiten hinsichtlich meines Denkens und Handelns.

Nach unserem Umzug ins Niederdorf fand ich in unserem Haus sehr bald eine neue Spielgefährtin. Sie wohnte direkt über uns in dem großen Mietshaus. In dem Alter war das nicht problematisch. Meistens freunden Kinder sich schnell an. Wir hatten ähnliche Spielmöglichkeiten, wie ich sie von unserer alten Wohnung her kannte, also einen Hof, viel Natur, viele Freiheiten. Besonders der nahegelegene Sportplatz wurde zum beliebten Aufenthaltsort.

Wenn meine Mutter zeitweise aus finanziellen Gründen arbeiten ging, betreute mich ihre Mutter, meine Omi. Die Großeltern wohnen nicht weit entfernt. So war das kein Problem. Großvater ging zwar noch arbeiten, aber Omi war immer zu Hause. Bei ihr fühlte ich mich sehr wohl. In alles bezog sie mich ein, ob das nun Kochen, Backen oder andere häusliche Dinge waren. Auch das war eine Schule für mich, wenn man so will. Mein Spielkamerad bei den Großeltern war das Enkelkind einer dort ansässigen Familie, die im Hinterhof eine Autowerkstatt betrieb. Dadurch hatte auch ich Zugang zur Werkstatt und konnte in Autos klettern und bei Reparaturen zusehen. Das war mindestens genauso interessant, wie zu Hause bei meinen dortigen Freunden zu sein.

Auf die Schule wurde ich weder von meinen Eltern noch von den Großeltern durch spezielle Maßnahmen vorbereitet. Meine bis dahin gesammelten Erfahrungen und Erkenntnisse, meistens aus dem Spiel heraus gewonnen, brachte ich irgendwie in die Schule ein. Unmittelbar vor der Einschulung überkam mich ein unsicheres Gefühl. Ich hatte keine Vorstellung davon, was mich erwartete. So kam eine gewisse Ängstlichkeit auf: Werde ich alles packen, was im Unterricht von mir gefordert wird? Auf irgendeine Art war ich besorgt, mit mir bis dahin unbekannten Anforderungen konfrontiert zu werden.

Am 1. September 1957 erfolgte in Lichtentanne meine Einschulung. Ich trug bermudalange dunkle Shorts, ein Jackett, weiße Kniestrümpfe und halboffene Schuhe mit Spangenverschluss. Das lockige blonde Haar war fein gekämmt.

Vorher hatte es tagelang große Diskussionen um meine Kleidung gegeben. Der Einkauf war schon mit einigen Problemen behaftet. Erstens waren wir nicht sehr wohlhabend, zweitens gab es kein reichhaltiges Angebot. Und dazu auch noch Meinungsverschiedenheiten.

Aber nicht nur die Kleidung lieferte Diskussionsstoff, sondern auch die Angelegenheit »Zuckertüte«. Das geschah jedoch alles mehr oder weniger heimlich hinter meinem Rücken. Natürlich spannte ich alle Lauscher auf. Ich bekam mit, dass meine Eltern eine traditionelle, mittelgroße Zuckertüte vorbereiten wollten. Einerseits sollte sie nicht protzig sein, andererseits wollten sie nicht, dass ich mit der kleinsten Tüte dastehen würde. Unmittelbar nach der Feierstunde trug ich meine Zuckertüte ehrgeizig und stolz selbst. Jedoch ich musste die Zähne zusammenbeißen, um das zu schaffen. Die Tüte war ja fast so groß wie ich und richtig schwer. Als ich zu Hause meine Tüte auspackte, dachte ich immerzu: Hoffentlich sind keine Briketts drin. Da hatte es vorher diese Scherze gegeben: Wenn du nicht artig bist, bekommst du Briketts in die Zuckertüte!

Zum Glück fand ich vorwiegend Süßigkeiten und Schleckereien, aber auch einige Sachen für die Schule, wie den Pionierfüller. Meine Eltern hatten bewusst darauf verzichtet, übermäßig große oder teure Geschenke in die Tüte zu geben. Sie dachten eher bescheiden und praktisch. Sie hatten mir auch keinen traditionellen Ranzen gekauft, sondern gewissermaßen auf Zuwachs eine braune Aktentasche mit Trageriemen, die ich zunächst wie einen Ranzen auf dem Rücken tragen konnte.

Darauf, dass ich dies tat, achteten meine Eltern auch immer streng, damit ich gerade lief. Für mein Frühstücksbrot bekam ich eine Brotbüchse aus Blech, die ich mit in die Tasche steckte.

Ich weiß nicht mehr, ob wir in der Schule anfangs noch auf Schiefertafeln schrieben. Es kann durchaus sein, dass ich diese nur zum Spielen zu Hause hatte. Ich erinnere mich noch gut an die leicht zerbrechlichen Stifte und an die rot linierten wie auch die karierten Vorzeichnungen auf der Tafel. Auf jeden Fall schrieben wir in der Schule schon frühzeitig mit Tinte in Hefte. Die berühmten Tintenfinger und der heldenhafte Kampf mit dem ersten Füllhalter ließen nicht auf sich warten. Ich mühte mich mit dem blauen Pionierfüller, dem Präsent aus der Zuckertüte, ganz schön ab.

Meine erste Klassenlehrerin war Frau Rosenkranz, eine noch relativ junge Frau von robuster Statur, die das richtige Maß an Strenge und Gutmütigkeit walten ließ.

Deutlich ist mir noch folgender Vorfall im Gedächtnis: In einer der ersten Unterrichtsstunden stand ich plötzlich auf und ging durch den Klassenraum zu den Garderobenhaken, um mir aus meiner Manteltasche etwas zu holen. Die Lehrerin reagierte darauf sehr tolerant. Sie erklärte zwar, dass solche Dinge in den Pausen erledigt werden müssten, damit der Unterricht nicht gestört werde. Ihr Ton war dabei aber nicht sonderlich streng, sondern angenehm verständnisvoll. So vermittelte sie der ganzen Klasse gut, dass eine bestimmte Disziplin nötig ist. Dieser Lehrerin gelang es, uns Kinder mit all unseren Unterschieden und Besonderheiten unter einen

Hut zu bringen. Ich verlor meine ängstlichen Vorbehalte. Die Schule begann Spaß zu machen.

Leider unterrichtete uns Frau Rosenkranz nur zwei Jahre. In der dritten Klasse erhielten wir einen neuen Lehrer, der wohl direkt von der Ausbildung zu uns kam. Er herrschte mit autoritärer Strenge. Das führte natürlich zu Spannungen zwischen ihm und uns Schülern. Ich erinnere mich, dass er während der Stunde oftmals hinter der Tafel Namen von Schülern notierte, die seiner Meinung nach undiszipliniert aufgefallen waren. Auf diese warteten »Strafaufgaben«. Jedes Mal kam am Ende der Stunde, wenn er die Tafel umdrehte, der große Augenblick: Wer steht drauf? Bin ich dabei?

Dieser Lehrer zerstörte mit seinen Disziplinierungsmaßnahmen einiges, was Frau Rosenkranz aufgebaut hatte. Dabei verstärkte sich wieder mein ängstliches Unbehagen vor der Schule.

Das Schulgebäude und sein Umfeld hinterließen natürlich auch eine gewisse Wirkung auf alle, die etwas darin zu tun hatten. Das Gebäude war ein großer roter Backsteinbau mit einem Anbau, der Turnhalle. Die breiten und hohen Flure und Treppenaufgänge waren weiträumig und somit bequem begehbar angelegt. Es war schon ein Fachraum für die hohen Klassenstufen eingerichtet worden, der mit den nötigen Anschlüssen für Wasser und Gas ausgestattet war. Physik, Chemie konnten darin auch mit Experimenten unterrichtet werden. Im Dachgeschoss befand sich der Filmraum, in den wir besonders gerne gingen. Dort herrschte eine besondere Atmosphäre. Es war anheimelnd, eben anders als im normalen Klassenraum. Schräge Wände, der Projektor surrte, Dunkelheit herrschte. Lehrer, die mit ihren Schülern dorthin gehen wollten, wurden von diesen immer mit einem großen Hallo begrüßt.

Unser weiß getünchter Klassenraum war links mit einer langen, hohen Fensterfront versehen. An der Rückwand befanden sich die erwähnten Garderobenhaken. Das Lehrerpult stand auf einem einstufigen Podest. Es war relativ groß, mit abschließbaren Schubkästen für Hefte und Kassenarbeiten. Wir hatten in Klassenräumen einerseits in der Höhe verschiebbare Klapptafeln, andererseits auch feste Wandtafeln, die mit zweistufigen Holztreppen gut erreichbar waren. Der Fußboden bestand aus großflächigem Parkett, das von den Reinigungskräften regelmäßig mit ölgetränkten Sägespänen gereinigt wurde. Es ähnelte in seinem Fischgrätenmuster dem Fußboden in der Turnhalle.

Über eine Aula verfügte unsere Schule nicht. Alle großen Zusammenkünfte – immer abgehalten in Appellform – fanden im Freien auf dem Schulhof vor dem

Gebäude statt. Es gab Wochenappelle und Appelle zu besonderen Anlässen. Es wurden Belobigungen und Tadel ausgesprochen sowie bedeutende gesellschaftliche Ereignisse gewürdigt. In der ersten Klasse traten alle Schüler meiner Klasse selbstverständlich und auch mit gewissem Stolz in die Pionierorganisation ein. In einer Appellzeremonie wurden die blauen Halstücher verliehen. Bestimmte Zweifel und Unstimmigkeiten traten – wenn überhaupt – erst später beim Übergang in die FDJ (Freie Deutsche Jugend) auf.

Wir hatten zwei Schulhöfe. Der vor dem Schulgebäude wie beschrieben als Appellplatz, der hinter dem Schulgebäude war unser Pausenhof. Dieser war weitläufiger und besaß in der Mitte eine Grünfläche, die wir in den Mittagspausen in schöner Regelmäßigkeit trottmäßig umrundeten. Unter den Blicken der Pausenaufsicht ging es ziemlich gesittet zu.

In dem Anbau war nicht nur die Turnhalle untergebracht, sondern auch die schuleigene Küche mit dem Speisesaal. Er war mit langen Bänken und Tischen, wie man sie typischerweise in Bierzelten findet, spartanisch eingerichtet.

Ich nahm nur selten an der Schulspeisung teil; nur dann, wenn es nicht möglich war, zu Hause oder bei den Großeltern zu essen. Mir schmeckte das Schulessen nicht besonders. Aber ab und zu ging ich ganz gerne hin, um mit den anderen Schülern zusammen zu sein.

Wurzeln

Links und rechts, direkt an der grau gepflasterten Ernst-Thälmann-Straße mit Fußweg, reihen sich große, alte, ziegelrote Mietshäuser zu einer langen, eintönigen Front. Wer ein solches Obdach betreten will, muss die Straße und den Fußweg verlassen und an der Giebelseite entlang auf den Hinterhof gehen. Von dort gelangt er über einige steinerne Stufen und eine hölzerne Haustür ins Innere. Des Öfteren kann dieser »Er« im düsteren, aber ziemlich breit angelegten Treppenhaus eines dieser Gebäude erleben, wie sich der kleine Ralf auf allen Vieren mühsam die Steintreppen nach oben kämpft. Schon ein paar Monate später – aus dem kleinen Ralf ist der große Ralf geworden – bietet der runde, hölzerne Handlauf an der rechten Wand Hilfe zum Emporziehen. Er wird geradezu zum Turngerät, an dem der kleine, große

Treppensteiger die komischsten Verrenkungen mit maximalem Kraftaufwand vollführen kann.

Manchmal krabbelt oder windet sich neben, vor oder hinter Ralf dessen fast gleichaltriger Freund Hansi nach oben. Ralf und Hansi wohnen mit ihren Familien nebeneinander in der dritten Etage, ganz oben. Der weite gemeinsame Weg vom Spielhof bis zum Erreichen des heimischen Herdes ist fast alltäglich. Dieser Herd steht bei Bachmanns tatsächlich gleich gegenüber der Eingangstür in der kleinen Küche mit der schrägen Dachwand rechts hinten. Im Winter kann die Herdplatte des großen, rechteckigen Küchenherdes feurig rot glühen und wohlige Hitze versprühen. Im Ofen knackt und lodert es gewaltig. Ralf bekommt eine gefährliche Ahnung davon, wenn Mutter oder Vater die untere der beiden Ofentüren vorsichtig ein wenig öffnet.

Wenn jetzt noch die große Zinkbadewanne vorm Ofen steht und der Vater aus dem mächtigen Aluminiumtopf auf der Herdplatte kochend-dampfend heißes Wasser in die Wanne schöpft und mit eiskaltem aus der Leitung mischt, dann setzt die Mutter den kleinen Jungen gleich ganz vorsichtig – zuerst mit dem großen Zeh – in die Wanne. Den ganzen Raum erfüllt knisternde Wärme gepaart mit dem Plätschern des Wassers. Jetzt bleibt er eine Zeit lang sich selbst überlassen, bis die Mutter mit dem wenig geliebten Waschlappen kommt, der zunächst Lappwaschen hieß. Zwischendurch berät die dreiköpfige Familie mehrfach, ob die große Klappe zur Röhre des Ofens geöffnet oder geschlossen gehalten wird, je nach der »Wohlfühltemperatur« aller Beteiligten. Die Freudenlaute Ralfs, der planschend und quiekend mal wohlwollend, mal abwehrend die energisch schrubbenden Mutterhände umspielt, dringen bis in die Zimmerecke zum Sofa unter der schrägen Wand, wo der Vater Zeitung liest und genüsslich seine Blicke immer wieder zum Hauptgeschehen im Raum richtet. Dieses verlagert sich nach vollendetem Wannengang auf den großen Küchentisch. Der ist schon präpariert mit Decke und Badetuch und das Kind wird tropfnass mit großem Schwung darauf gesetzt und abgetrocknet. Die rubbelnden Hände der Mutter unter dem angewärmten Badetuch – das lässt den kleinen Ralf erneut vor Behagen jauchzen und quietschen. Dann folgt eine weniger beliebte Prozedur. Die Ohren werden mit von der Mutter selbst gedrehten Wattestäbchen gereinigt und Fuß- und Fingernägel werden geschnitten. Das ist nicht nur manchmal kitzelig oder unangenehm, sondern scheint auch gefährlich, schließlich wird ja oft vor der spitzen und scharfen Schere eindringlich gewarnt! Aber Ralf ist nach kurzer Skepsis meist vollauf damit beschäftigt, den zwar schwierigen, aber immer wieder reizvollen Abzählreim »Das ist der Daumen, der schüttelt die Pflaumen ...« durch alle zweimal fünf Finger und manchmal auch noch spaßeshalber durch die Fußzehen zu deklinieren. Die Mutter macht natürlich mit, denn nur gemeinsam kommt man mit viel Anstrengung ans Ziel. Dann stehen Freude und Triumph auf beiden Gesichtern und die Nägel sind ganz nebenbei auch in bester Ordnung. Zum Schluss der freitagabendlichen Prozedur auf dem Küchentisch cremen Mamas warme Hände den ganzen Kerl lustvoll ein. Der springt danach nicht nur sauber, sondern auch noch glänzend-duftend aufs weiche Sofa und spielt zufrieden, am liebsten mit der kleinen, alten, nackten Paula-Puppe, die auch meist mit im Badewasser war.

Noch immer steht diese wohlige Wärme im Raum. Ein angenehmes Duftgemisch aus geringer Rauchentwicklung vom knisternden Kohle-Holz-Feuer und warmem Seifenwasser steigt Ralf fortwährend in die Stupsnase, während sich die Eltern der Badeprozedur nun selbst hingeben, allerdings weitaus gelassener. Erst dann gibt es Abendbrot. Das meist übliche Antreiben und Ermahnen zum ordentlichen Essen braucht der oftmals nur dürftig und mit viel Geschimpfe essende Ralf am Badetag nicht. Sein Mordshunger nach dem Wasserspaß und meist auch eine kleine Überraschung auf dem Tisch sind der Grund dafür. Und wenn es diesmal Kakao statt Kräutertee gibt, ist der Teller bald leer, der Bauch schnell voll und die Welt des Jungen vollends in Ordnung.

Der strahlenden Wärme des Ofens begegnet Ralf später, als er schon groß ist und richtig laufen kann, nochmals mit großem Interesse. Die Großeltern, die ganz weit weg, im Niederdorf – im Gegensatz zum Oberdorf hier – wohnen, stellen in ihrer Parterrewohnung im Winter zusätzlich zum Küchenherd einen kleinen, runden, etwa einen Meter hohen, silberbronzenen »Kanonenofen« auf. Ein langes Ofenrohr führt über zwei Bögen in den Schornstein, genau über dem Rohranschluss des Küchenherdes. Dieses kleine feuer- und wärmespuckende Ungeheuer ist für Ralf zugleich faszinierend-anziehend wie auch bedrohlich-abstoßend. Es dauert einige Zeit, bis er Vertrauen in das gefährliche Funktionieren des Wärmespenders hat. Dieser muss auch Schwerstarbeit verrichten, denn vollgestopft mit Brennmaterial beheizt er nicht nur die Küche, sondern auch die »gute Stube«, deren direkte Zugangstür dann stundenlang weit offensteht. Das ist beizeiten schon ein Zeichen dafür, dass ein besonderes Ereignis ins Haus steht. Nur dann geht's im kalten Winter in die »gute Stube«.

Später, viele Jahre später, lassen Opa und Omi einen Kachelofen in die Wohnstube setzen. Aber das findet Ralf gar nicht so interessant, obwohl alle, die sich auf das kleine gepolsterte Bänkchen davor setzen und sich vergnüglich anlehnen, begeistert von dieser Wärmequelle sind.

Doch zurück zum Wasser. Das Lebenselement begegnet Ralf gleichzeitig noch in ganz anderer Form. Unmittelbar hinterm Hof fließt ein Bach vom linken Nachbarn kommend zum rechten weiter. Der entlang des jenseitigen Bachufers liegende kleine Garten ist nur über eine Brücke zu erreichen. Das alles ist im Besitz des Hauswirts, der in der ersten Etage des Hauses wohnt und immer aufpasst, dass die beiden Lausbuben, die stets und ständig im Hof irgendwelche Dummheiten ausdenken und auch realisieren, nicht völlig über die Stränge schlagen. Er, der Herr Grimm, hat seinen Namen ganz zu Recht, so grimmig, wie der ausschaut!

Was dieser unheimliche Mann jedoch nicht sieht und ahnt, ist zum Beispiel folgendes Spielchen: Die beiden Träger der Brücke sind alte Eisenbahnschienen. Die eignen sich hervorragend zum Balancieren. Ralf und sein etwas kleinerer Freund Hansi haben es darin auch schon in vielen ehrgeizigen Wettkämpfen zu wahren Meisterehren in Schnelligkeit und Geschicklichkeit gebracht. Während der eine laut zählt, so gut er kann – und er kann es natürlich nicht gut –, versucht der andere so schnell wie möglich von einem Ufer zum anderen zu gelangen. Es endet fast immer mit Uneinigkeit wegen der zählerischen Lücken. Aber das muss und kann sowieso noch überboten werden! So kommen die beiden Komplizen auf die Idee, sich im leicht abschüssigen Hof so lange um die eigene Achse und gleichzeitig bergab zu drehen, bis sie kaum noch aufrecht stehen können, weil sich der Himmel über ihnen und auch der Boden unter den Füßen drehen. Dann geht's schnell an die zwei Brückenträger und »Auf die Plätze fertig los!« – wer ist zuerst am gegenüberliegenden Ende? Keiner! Die beiden Mutigen landen fast gleichzeitig nach ein bis zwei Metern eine Etage tiefer am Rand der Böschung im plätschernden Wasser. Verstauchte Knöchel, abgeschürfte Haut an den Armen, nass und kalt – war wohl doch keine ganz gute Idee.

Aber vielleicht ist die besser: mal richtig lange und weit über Nachbars Stück Garten hinaus im Bach laufen. Ist ja nicht sehr tief und breit, aber vielleicht lässt sich was Neues entdecken. Spitze Steine, Blutegel und womöglich noch anderes Getier sind kein Grund zur Furcht. Beide haben schon genug praktische barfüßige Erfahrungen gesammelt. Aber da ist noch eine Idee. Für den groß angelegten Ausflug würden sich die ab und an im Hof herumstehenden Holzpantoffeln hervorragend eignen. Gesagt – getan. Sogar zwei Paare sind aufzutreiben. Das macht sofort richtig Spaß und endlich kommt man mal ein Stück raus aus der hinlänglich erkundeten Enge.

Die beiden Flussabenteurer genießen, Raum und Zeit um sich herum vergessend, dieses Neuland.

Stunden später. Eine bekannte Stimme aus der Ferne entreißt Ralf und Hans ihrer Abenteuerwelt. Oh, die Mutter ruft zum Abendessen, es wird ja auch schon dunkel. Schnell zurückschlürfen und noch mal so richtig durch das entgegenfließende Bachwasser waten. Die beiden haben es jetzt eilig und werden immer schneller. Dabei merken sie, wie auch der Widerstand des Wassers immer kräftiger wird. Sie fühlen sich stark und toben laut lachend nach Hause. Ergebnis: zwei kranke Jungen am nächsten Tag mit Erkältung, leichtem Fieber und völlig unverständlichem Halsweh – wo doch fast nur die Füße im Wasser waren. Die längeren Moralpredigten der beiden Eltern und das »Bachverbot« nehmen sie tapfer hin.

Später, als alles vergessen ist, kehren sie zu wohlbekannten Spielformen am Bach zurück, wie zum Beispiel dem »Stabhochsprung-Versuch« von Ufer zu Ufer mit einer langen hölzernen Wäschestütze.

Eines Tages findet Ralf im Schuppen beim Rumstöbern eine alte halb verrostete Luftpumpe. Vielleicht erinnert er sich an den Wasserschlaucheffekt im Waschhaus, vielleicht ist es aber auch bloße Experimentierfreude. Im Innern des Jungen bohrt die Frage, was wohl passieren wird, wenn er den Kolben mit Wasser füllt und dann statt Luft in den Fahrradreifen Wasser himmelaufwärts pumpt. Sehr zu seiner Freude fließt gleich beim ersten Versuch ein dünner Wasserstrahl aus dem Gummiloch, das eigentlich für das Fahrradventil vorgesehen ist, und benetzt nach kurzer »Luftreise« das Hofpflaster. Das geht noch besser, denkt er. Beim zweiten Versuch drückt Ralf mit all seiner vorhandenen Kraft den Kolben ins Rohr und eine Fontäne schießt fast kerzengerade bis in den Himmel und kommt erst deutlich später als feiner Nieselregen wieder runter. Das macht richtig Spaß. Schnell gibt es eine neue Füllung. Aber dieser dritte Versuch soll der vorerst letzte sein, denn der Wasserstrahl sucht sich das Küchenfenster des Hausbesitzers Grimm im ersten Stock aus und es gibt sofort Ärger. Ende vom Lied: Pumpe weg!

Apropos Wäschestütze

In größeren Abständen ist Familienwaschtag. An diesem Tag gehört die Großmutter zur Familie im engeren Sinn, auch wenn sie im Niederdorf wohnt und wir im Oberdorf beheimatet sind. Sie hat schon vor ein paar Tagen zwei, drei große Taschen Dreckwäsche gebracht und im Waschhaus abgestellt. Dieses befindet sich in einem Nebengebäude des Hofs. Heute, am Vorabend und in Erwartung eines erfahrungsgemäß kräfteraubenden Tages, trägt die Mutter alle Schmutzwäsche im großen Wäschekorb die drei Etagen hinunter. Dem Vater kommt am Abend die Aufgabe zu, die fünf oder sechs Wannen verschiedener Größen und Materialien – Holz, Zink, Aluminium – aus dem dunklen Keller zu holen und rundum an die Wände des Waschhauses zu stellen. Ein Waschgefäß steht traditionsgemäß immer erhöht auf einem Holzbock. Es ist die leichte, kleinere Aluminiumwanne. Hierher gehört auch das Waschbrett. Der kleine Ralf nennt es Rubbelbrett, seitdem er immer mal mit den Fingern mehr oder weniger schnell und heftig darüber streifte und das merkwürdige Gefühl zwischen Kribbeln und Wehtun erkundete.

Dann bringt der Vater jedes Mal noch so ein komisches Ding, den Stampfer: An dem langen Holzstiel, einem Schaufelstiel zum Verwechseln ähnlich, ist ein metallener, vielleicht 25 cm langer »Trichter« angebracht. Das Ding wird zunächst in eine Ecke gestellt. Ralf kann damit nicht so recht etwas anfangen. Jetzt sind jedenfalls sämtliche Gerätschaften da. Ach ja, zwei Eimer Kohlen und Holz aus dem Keller zu holen gehört letztendlich noch zum Aufgabengebiet des starken Mannes der Familie. Ralf begleitet ihn auch dabei gerne.

Allmählich hat sich der beim ersten Eintreten leer und eiskalt wirkende Raum gewandelt. Der große, mit roten Ziegeln ummauerte metallene Waschkessel mit riesigem Deckel in der linken hinteren Ecke steht nicht mehr einsam im weiten Raum. Der grau betonierte Fußboden wirkt nicht mehr so großflächig und das Abflussloch in dessen Mitte fällt gar nicht mehr so auf wie beim ersten Betreten des Raumes.

Die Mutter nimmt den auf dem Kessel liegenden, in einem Kreis zusammengelegten roten Wasserschlauch und schließt ihn an den Wasserhahn an, der sich in der Mitte der hinteren Wand in bequem zu erreichender Höhe befindet. Und jetzt kommt Ralfs erster aktiver Auftritt. Er darf rundum die Wannen halb voll mit Wasser füllen. Zielen und Plätschern mit dem beweglichen Wasserstrahl macht mächtig Spaß und verleitet auch mal – wenn keiner herschaut – zum Danebenhalten. Das Geschrei ist groß, oft darf er sich das nicht erlauben, sonst gibt's richtig Ärger.

Dann sortiert die Mutter sorgfältig die Dreckwäsche in die verschiedenen Waschgefäße, gibt unterschiedlich viel Waschpulver dazu, schaut sich in den Ecken um und greift zu ebendiesem Ding, das sich Stampfer nennt. Es gibt Buntes, Weißes, Bettwäsche und Dreckwäsche. Jetzt, beim Hantieren der Mutter, wird dem Jungen einiges klar. Das Ding heißt so, weil man damit die Wäsche stampft, der hat eine so komische Form, weil die Wäsche damit besonders gut ins Wasser gedrückt und durchgewalkt wird. Das quatscht so schön und macht auch dem Ralf Lust, es selbst zu probieren. Die Mutter gibt ihm den langen Stiel. Er hat Mühe, einige wirksame Auf-und-ab-Bewegungen zustande zu bringen. Diese Prozedur ist das Einweichen. Über Nacht geht der Prozess von ganz alleine weiter, sagt die Mutter.

Früh am Morgen des Waschtages dann, wenn die Großmutter eintrifft, binden sich die beiden Frauen große bunte Schürzen über die Kleider und stürzen sich in die Arbeit. Als Erstes wird ein knisterndes und rauchendes Feuer mit Papier, Holzspänen und später Kohlen unter dem großen Waschkessel entfacht. Gleichzeitig wird dieser mit Wasser gefüllt. Das darf Ralf übernehmen. Und wieder experimentiert er, indem er den Schlauch, aus dem der Wasserstrahl kommt, mal ein bisschen mit dem Daumen verschließt und Zielübungen beabsichtigt. Das Wasser ändert abrupt seine Richtung und spritzt genau entgegengesetzt ihm und der daneben stehenden Mutter auf Gesicht und Oberkörper. Dem Schreien, Lachen und Quietschen folgt eine wohl nicht ganz ernst zu nehmende Ermahnung mit Ankündigung des Rauswurfs beim nächsten Male. Spaß hat's trotzdem gemacht!

Wenig später hat das Feuer unter dem Waschkessel mächtig Hitze entfacht und los geht die lange und beschwerliche Wäscheschlacht: Kochen, Rubbeln, Stampfen, zweimal Spülen, Stärken, Auswringen und das Aufhängen auf der Leine im Hof oder auf dem Dachboden – das sind alles »Handwaschgänge« im wahrsten Sinne des Wortes. Und das bei brodelnder Hitze und zeitweise so starkem Dampf, dass selbst der kleine Ralf unten fast nichts mehr im Raum erkennen kann. Für die Großen da oben muss es noch viel schlimmer sein. Besonders dann, wenn der riesige, metallisch glänzende Deckel vom Kessel genommen wird, um die kochheiße Wäsche mit einem langen Holzlöffel herauszufischen und in eine daneben stehende Wanne mit klarem Wasser zum Spülen zu geben. Da läuft und tropft das Wasser nicht nur von der »Wäscheangel«, sondern auch von der Stirn der Mutter und erst recht der alten Großmutter, die ab und an stöhnt und nach diesem oder jenem Handgriff ihren gebeugten Rücken mit den Händen in den Hüften aufrichtet. So zum Beispiel nach dem Auswringen der schweren und langen tropfnassen Bettbezüge oder Laken. Die werden dabei als lange Schlangen durch die vier Arme der beiden tief gebückt und schwer arbeitenden Frauen gewunden, um dann zum Aufhängen fertig bereitzuliegen.

Und dazu noch der Geruch aus einer Mischung von verschiedenen Wäschestoffen,

23

Seifenlauge, Waschpulver, Kohlenqualm, Asche. Am oberen Rand der Eingangstür quellen in solchen »Hoch-Zeiten« dicke Wasserdampfwolken ins Freie, während es einem im Raum fast den Atem nimmt. Natürlich wird die Tür zum Regulieren mehr oder weniger geöffnet oder geschlossen, aber entweder es zieht den verschwitzten Wäscherinnen an die Beine oder sie kommen vor Brodeln bald um.

Das alles sieht und erlebt der kleine eifrige Helfer hautnah, und es macht ihm riesigen Spaß. Er muss allerdings ab und zu von den beiden Waschfrauen, deren Schürzen längst durchnässt sind, weggeschoben werden. Vielfach bekommt er die Warnungen zur Vorsicht vor Nässe und Hitze zu hören. Jedoch er fühlt sich wohl, mittendrin.

Beim letzten Gang, dem Aufhängen am Nachmittag, ist Ralf wieder ein gefragter Gehilfe, indem er die Klammern zureicht. So gegen Abend, wenn alles auf den Leinen im Hof oder – je nach Wetter – auf dem Boden des Hauses hängt, lassen sich die beiden Waschfrauen ermattet auf die Küchenstühle sinken und strahlen bei einer Tasse Malzkaffee Kraftlosigkeit und zugleich Zufriedenheit aus. Als vorletzter Akt hat das Ziehen und Spannen der Wäscheleine noch mal die volle Anstrengung gefordert. Zum einen müssen die Leinen, die vier- bis fünfmal über den gesamten Hof von einer zur anderen Hausmauer reichen, straff sein. Zum anderen sind die Haken meist ungünstig hoch, sodass sich die Frauen doppelt anstrengen müssen. Manchmal erreichen sie die Leinenhalter nur mit der Fußbank oder einem ähnlichen erhöhenden Tritt, sei es ein Stein, eine herumstehende Kiste oder sonst was. Führte das nicht ganz zum erwünschten Erfolg – nämlich einer fest gespannten Leine –, sind ja immer noch die hölzernen Stützen da, um die schwere, nasse Wäsche, die auch noch die Leine in die Länge zieht, nicht auf dem Boden schleifen zu lassen. In die Mitte einer solch durchhängenden Leine gestellt, hebt die Stütze diese mit den Wäschestücken empor, damit sie von Wind und Sonne getrocknet werden. Bei einer solchen Gelegenheit entstand dann in Ralfs kleinem Kopf die Idee, sich mittels einer dieser langen Stangen im großen Bogen über den nahe liegenden Bach zu schwingen.

Nun aber wünschen sich die Waschfrauen nur noch schönes Trockenwetter und freuen sich darauf, die nach Frische duftende Wäsche am späten Abend oder nächsten Tag abzunehmen, schön zusammenzulegen und dabei gleich fürs Bügeln und Mangeln zu sortieren und auch Kaputtes zum Flicken beiseite zu legen, um letztendlich mit behutsam agierenden Händen und mit zufrieden strahlenden Gesichtern alles akkurat in die Schränke zu stapeln.

EOS (ERWEITERTE OBERSCHULE)

Am Ende der achten Klasse der Polytechnischen Oberschule Lichtentanne (POS) wurde ein bestimmter vorgegebener Prozentsatz guter Schüler nach bestimmten Kriterien zum weiteren Lernen an die beiden EOS in Zwickau delegiert. Aus meinen beiden Klassen-Jahrgängen waren das sechs Schüler. Ich war dabei!

Das bedeutete, ich würde die Klassen neun bis zwölf an der EOS »Käthe Kollwitz« in Zwickau absolvieren und – wenn alles gut gehen sollte – mit dem Abitur beenden. Mein täglicher Schulweg führte mich fortan früh morgens zur Bushaltestelle Lichtentanne/Bahnhofstraße, mit dem O-Bus nach Zwickau und nachmittags, je nach Schulschluss, wieder zurück nach Hause, je ca. 20 Minuten Fahrtzeit. Völlig neues Schulgefühl. Auch und vordergründig bedingt durch die neuen Lernverhältnisse: neues Schulgebäude, neue Lehrer, neue Klassenkameraden. Wir vier Jungen aus meiner alten Klasse kamen in die Klasse 9 B1. So gab es zumindest unter uns engen Zusammenhalt. Manch andere Schulwechsler waren mutterseelenallein im neuen Klassenverband, wieder mit über 30 Schülern. Mit der Zeit wurde sogar auffällig, dass die »Lichtentanner« leistungsmäßig ganz vorne mitspielten. So kam vom Russischlehrer ab und an, wenn keiner mehr die Hand hob, um eine schwierige Frage zu beantworten, die schmunzelnde Aufforderung: Lichtentanne!? Manchmal gelang die Ehrenrettung, aber nicht immer.

Das Besondere dieses damaligen Bildungsweges lag darin, dass neben der Abiturvorbereitung eine Facharbeiterausbildung erfolgte. Dafür hatte man als Schüler allerdings nicht viele Wahlmöglichkeiten. Wir (meine Klasse) wurden Betriebsschlosser. Das hieß, drei Tage im Monat waren wir im Reichsbahnausbesserungswerk (RAW) Zwickau und dessen Berufsschule zur Ausbildung. Im Laufe dieser Zeit reiften natürlich die Berufswünsche heran. Egal ob der eine zum Arztstudium wollte oder der andere ein Lehrerstudium anstrebte, alle wurden auch Betriebsschlosser-Facharbeiter. Dementsprechend war die Motivation für diesen Teil der Schule sehr unterschiedlich, meist gedämpft. So auch bei mir. Ich merkte schon frühzeitig, dass aus mir kein guter Handwerker würde, eher ein »Kopfwerker«.

Meine Lehrer hatten insgesamt, in dieser und auch der vorherigen Schule, ziemlich großen Einfluss auf meine stetig überdachte und noch nicht festgelegte Berufswahl, und zwar in zweierlei Hinsicht:

Es gab – meiner damaligen subjektiven Einschätzung nach – gute und schlechte Lehrer (was bestimmt nicht nur an deren Persönlichkeiten, sondern auch an den unterrichteten Fächern lag). Beide trugen zu meiner Entscheidung für den Lehrerberuf, Fächer Deutsch und Russisch, bei. Die einen, weil ich sie als Vorbild sah und ihnen nacheifern wollte – die anderen, weil ich dachte, das gehe viel besser zu machen, und ich unbefriedigt war.

Später erst wurde mir klar, welch großen Einfluss Lehrer auf die Berufswahl ihrer Schüler und darüber hinaus generell haben. Ich fragte mich, ob ihnen das überhaupt bewusst ist. So schaute mich einer der drei Deutschlehrer, als er meinen Berufswunsch erfuhr, verwundert an. Ob das gut überlegt sei und wieso überhaupt, war seine überraschte Reaktion. Meine diesbezüglichen Gedanken traute ich mich nicht zu äußern. Was ich von ihm zu den Literatur-Klassikern und zu anderen Themen mitbekam, war mir völlig ungenügend – und schlecht vermittelt obendrein. In der 10. oder 11. Klasse diktierte dieser Lehrer uns im Literaturunterricht stundenlang Texte zu Klassik-Epoche und deren Vertreter wie Goethe und Schiller. Mein Füllfederhalter glühte, aber von den Werken und deren Schönheit bekam ich wenig vermittelt. Schließlich fand ich genau diese Texte im mir zugelegten Fachbuch wieder. Ich hatte den Drang, viel mehr von Goethe und anderen Dichtern zu lesen, zu verstehen und vielleicht sogar an andere weitergeben zu können. Dies betraf in besonderem Maße auch die wenigen Interpretationsversuche von Goethes »Faust«, wo mein Wissensdrang in keiner Weise befriedigt wurde. Ganz anders war ich von meiner ersten Russischstunde in der 5. Klasse beeindruckt. Der Lehrer redete von Anfang an und über einen längeren Zeitraum zur in russischer Sprache zu uns. Das geschah in so einfachen und deutlich formulierten mir völlig fremden Worten, unterstützt von wiederholten Gesten, dass ich nach einer gewissen Zeit die ersten russischen Vokabeln gelernt hatte: Lampe, Fenster, Tafel, Klasse ...

Ich glaube heute, der Lehrerberuf war im Grunde genommen tief in mir verwurzelt, bevor ich es so wahrnahm.

Der Drang nach Wissen, nach Neuem, verbunden mit dem Wunsch, dies weiterzugeben – vielleicht lag dies auch darin begründet, dass mein Großvater mütterlicherseits Lehrer war?

Dass da vielleicht etwas in den Genen noch weitreichender liegen könnet, wurde mir viel später nochmals bewusst, als unsere Tochter bei einem privaten Bildungsträger neben ihrer Hauptbeschäftigung als selbstständige Redakteurin und Texterin auch Bildungskurse gab, die sehr gut bei den Teilnehmern ankamen. Sie meinte dann ob der vielen Lobesreden, dass vielleicht doch etwas von den Genen der Eltern eingeflossen sein könnte, zumal meine Frau und deren Vater auch Lehrer waren.

Wenige Monate vor dem Abitur wurden eines Tages alle Jungen einzeln ins Direktorat zitiert und von einem Offizier der NVA und anderen Persönlichkeiten für eine Offizierslaufbahn angeworben. Es war ein sehr unangenehmes Gefühl, dort allein zu sitzen, um ideologisch von der Notwendigkeit dieser Berufslaufbahn überzeugt zu werden. Da saß ein großer kräftiger Mann in Uniform, selbstbewusst, daneben der Schuldirektor und eine weitere Lehrerin. Alle mit ernster Miene, aber auch mit freundlichen Worten agitierend. Es wurden zum Teil verlockende Privilegien angeboten, viel Geld und hohes Ansehen. Bei mir stellte sich aber ein gewisses Unwohlsein ein, je heftiger man mich bedrängte, um so mehr. Mein Bauchgefühl sagte NEIN. Ich ging ohne die bereitliegende schriftliche Erklärung mit Schweißperlen auf der Stirn aber auch aufatmend aus dem Raum.

Gefestigt in meinem diesbezüglichen Wunsch bewarb ich mich an der Pädagogischen Hochschule Erfurt und wurde zum Aufnahmegespräch eingeladen. Dieses verließ ich mit gemischten Gefühlen, denn unter anderem befragt nach meiner Haltung zum Status quo in der damaligen Tschechoslowakei-Militäraktion »eierte« ich doch sehr, war überfordert. Dennoch bekam ich einen positiven Bescheid und freute mich sehr, allerdings nicht lange. Sehr bald nach den Abiturprüfungen, die ich mit »GUT« auf dem Zeugnis Mitte 1969 bestanden hatte, bekam ich den Musterungsaufruf und dann den Einberufungsbefehl zum Grundwehrdienst der NVA. Einzurücken hatte ich Anfang November 1969.

Mein schon bestätigtes Studium verschob sich somit nur um zwei Jahre auf September 1971, wurde mir zugesichert.

Natürlich war ich zunächst sauer. Als Einzigen der Klasse ereilte mich dieses Schicksal und ich wusste nicht, warum gerade ich nicht meinen gewünschten Weg gehen konnte. Aber es musste einfach akzeptiert werden, keine Chance.

Telefondialog: Vorbereitung Klassentreffen

Das aus der Erinnerung nachgestaltete Gespräch zeigt, dass mein Verhältnis zu lang zurückliegenden Ereignissen nicht immer so detailliert positiv verankert bleibt wie in den meisten hier dargelegten Episoden ... und es hat mich mit großem Abstand nachdenklich gestimmt.

Mein Telefon klingelt:

R: Ralf Bachmann.

G: Hier ist der Geier, Gerd, ehemals 12 B1.

R: Oh, du hattest das Klassentreffen organisiert damals, ich erinnere mich.

G.: Ja, wie geht's dir so?

R: Na ja, geht so mittelprächtig, und bei dir?

G: Bin nicht so gut dran, gesundheitlich gesehen. Aber erinnerst du dich, was wir damals zum Dreißigsten uns fest vorgenommen hatten?

R: Wart mal ... ja. Wir wollten nicht erst bis zum Fünfzigsten warten, sondern schon das Vierzigste feiern. Meinst du das?

G: Ja genau, und dieses Jahr noch wäre das soweit.

R: Schon? Ja ... stimmt, wenn ich nachrechne.
Lädst du wieder ein? Oder wie ist es geplant?

G: Das ist ja mein Problem. Ich schaff es diesmal nicht, echt ... Kannst du nicht ...?

R: Oh ... du ... weiß nicht ...

G: Wieso? Ihr habt alle die Liste der Klassenkameraden. Hat mich damals 'ne Menge Arbeit gekostet. Jetzt ist es doch einfach.

R: Du ... ich weiß nicht, ob ich die überhaupt noch habe ...

G: Wäre nicht das Problem, » alter ordnungsliebender Kamerad«. Ich kann sie dir noch mal schicken!

R: Aber ich bin doch hier weit weg vom Schuss, von unserer ehemals gemeinsamen Heimatstadt ...

G: Ich könnte ja im Restaurant von damals wieder bestellen. Du sollst doch nur den Schreibkram machen, Einladungen und so.

R: Hm ... nee du.

G: Wieso denn nicht? Du, ich weiß wirklich momentan nicht, wo mir der Kopf steht. Hatte große OP. Bitte mach das mal!

R: Du, ehrlich gesagt ...

G: Hm? Was denn?

R: Ich habe keine richtige Lust zu dem ganzen Vorhaben.

G: Wieso denn das? Hat es dir nicht gefallen, damals?

R: Doch, aber ...

G: Was aber?

R: Ehrlich gesagt saß ich auch nur den ganzen Abend rum, und alle haben untereinander dasselbe gefragt: Bist du der Schmidt Gunther 1 oder 2 oder der Schmidt Joachim. Das war ja damals lustig für euch, aber für mich nicht so. Und mein Banknachbar, der Wolfgang, der Arzt werden wollte, war nicht da. Der Einzige, auf den ich gehofft hatte. Bei mir zwickt's und zwackt's nämlich auch überall, schon damals und heute noch mehr.

G: Ja, wir werden eben alle nicht jünger. Du weißt doch, wenn du über fünfzig bist und morgens aufwachst und dir tut nichts weh, biste tot!

R: Was fehlt dir denn eigentlich?

G: Will jetzt nicht drüber reden, vielleicht später ... Was machen wir nun?

R: Weiß nicht, kannste nicht jemand anderes fragen? Und ich erinnere mich auch: Drei von uns 32 waren breit gestorben, schon vor fast zehn Jahren! War ja deprimierend.

G: Ja, schon, aber sollen wir deshalb alles hinschmeißen bzw. sein lassen?

R: Nee, nur ich will nicht, wirklich ... entschuldige bitte. Da ist auch noch was ...

G: Was denn noch?

R: Na ich bin doch Lehrer geworden. Und wenn ich mich erinnere, wie viele von uns bei dem Schulbesuch über unsere damaligen Lehrer hergezogen sind, getrau ich mir das gar nicht zu sagen ...

G: Na, du hast Probleme ..., okay ..., muss ich mir eben was anderes einfallen lassen.

R: Ja bitte.

G: Haste wenigstens einen guten Vorschlag, wen ich ansprechen könnte?

R: Nee, du, ich hab keinerlei Verbindungen zu den Leuten.

G: Also: Entweder es bleibt wieder alles an mir hängen, oder es findet nichts statt ... prima!

R: Wäre auch nicht so schlimm, finde ich.

G: Was? Wieso? Insgesamt dachte ich, es hätte sich gelohnt? Kannst doch nicht nur von dir ausgehen!

R: Gelohnt? Ehrlich gesagt: Wir haben doch alle genug damit zu tun, nach vorne zu blicken, in diesen Zeiten heute – verstehst du? –, um einigermaßen über die Runden zu kommen – Gesundheit, Arbeit, Familie, Eltern, Haus, Hobby ... Da muss ich persönlich nicht noch in alten Erinnerungen schwelgen, die helfen mir nämlich dabei nicht.

G: Oh, du, mir aber manchmal schon.

R: Wie das?

G: Weißt du, ich lag im vorigen Jahr dreimal im Krankenhaus und mir ging's echt schlecht. Und was denkst du, wer mich mehrmals besucht hat?

R: Nee, wer denn?

G: Eben dein Banknachbar Wolfgang, unser gemeinsamer Schulkamerad, der Medizin studieren wollte und auch studiert hat, nach ein paar Problemen. Du erinnerst dich doch?

R: Ja, aber wieso hast du zu dem ...?

G: Na, wir hatten die ganzen Jahre über eine gute Verbindung zueinander. Das heißt, nicht sehr oft, aber eben nie abreißen lassen. Und als er erfuhr, dass es mir schlecht ging, war er da. Hat mich echt gefreut.

R: Hm ... schön, konnte er dir wenigstens echt helfen, der Herr Doktor?

G: Nicht direkt.

R: Ach, wieso nicht?

G: Er ist Gynäkologe. – Aber irgendwie hat er mir doch geholfen, verstehst du?

R: Nee.

G: Vielleicht denkst du noch mal drüber nach, über die heutigen Zeiten. Ruf mich doch wieder mal an!

R: Okay, dann erstmal tschüs für heute, und sei mir bitte nicht böse, ich ...

G: Schon gut ... tschüs ... meine Nummer hast du ja jetzt, und falls du die Liste wieder findest ...

R: Okay, mal sehen, was wird ... bye!

G: Bye!

Studium

Im September 1971 begann ich voller Elan das sehr streng geregelte Studium an der PH Erfurt. In der Seminargruppe DR71 fanden sich anfangs fünf, kurze Zeit später nur noch vier junge Männer und rund zwanzig junge Frauen wieder. Es gab eine Dozentin/Professorin als Seminargruppenbetreuerin und einen festen zweiwöchentlichen Lehrplan, ähnlich dem Stundenplan in der Schule zuvor. Der sehr wesentliche Unterschied war, dass jetzt nur zwei »Schulfächer« und viele andere mich durchaus interessierende und detaillierte Lehrveranstaltungen auf dem Plan standen.

Noch zwei der vier Jungen hatten wie ich gerade den Grundwehrdienst hinter sich und man merkte sehr bald im Zusammenleben den zweijährigen Alters- und Erfahrungsunterschied. Zum Beispiel als eines Abends ein großer, kräftiger, etwas älter als wir erscheinender Mann in unsere Wohnheimbude eintrat, sich kurz umschaute und sehr deutlich bemängelte, dass der Papierkorb überquoll und auch wieder mal gefegt werden könnte. Alle saßen wie versteinert, stumm mit gesenkten Köpfen. Ich erlaubte mir nach kurzer Verwunderung zu fragen, wer er sei und ob die unfreundliche Aufforderung so sein müsse. Verdutzt von dieser Reaktion nannte er seinen Namen und teilte uns mit, dass er im Auftrag der Wohnheimleitung hier für Ordnung und Sauberkeit zuständig sei und Inspektionen mache. Dann verschwand er sehr schnell.

Die beiden Kommilitonen der ein Jahr älteren Studiengruppe in unserer Wohngemeinschaft stellten danach mit Hochachtung fest, dass ich mich recht »aufmüpfig« der Obrigkeit gegenüber verhalten hätte. Das hätten sie sich nicht getraut. Ich war mir dessen gar nicht bewusst, reflektierte nur im Nachhinein, in den 18 Monaten Armeedienst ganz andere »Aufmüpfigkeiten« erlebt zu haben.

Der Studentenalltag stellte sich schnell ein. Neben den »Pflicht-Hausaufgaben«, die sich aus den Seminaren und Vorlesungen ergaben, blieb genug Zeit für Fußballspiel auf dem Bolzplatz des Campus und vor allem für abendliche Kneipengänge in die nähere Umgebung. Wir paar Jungens waren wohl auch nicht so fleißig und ehrgeizig in Fragen der Seminarvorbereitungen und dergleichen wie die Mädchen und wir teilten, wenn immer es ging, die Aufgaben untereinander auf und tauschten die Ergebnisse dann aus. Vor Klausuren und mündlichen Prüfungen wurde es aber schon oft stressig.

Es gab auch einen Studentenklub über der Mensa, der immer gut besucht war.

Hier konnte man bei Wein, Weib und Musik bis spät abends den Lernstress vergessen und dem Smalltalk frönen und vor allem flirten. Darunter, in der Mensa, fanden mehr oder weniger regelmäßig größere Tanzveranstaltungen mit Diskotheken statt. Derartige Vergnügungen stießen auch auf mein Interesse, hatte ich doch meine Freude am Tanz seit meiner zweimaligen Teilnahme an der Tanzschule in Zwickau in der zehnten Klasse nicht verloren. Ich beanspruchte auch als Folge daraus immer, nicht nur zwei links, ein rechts zu tanzen, sondern mich und meine Partnerinnen variationsreich in Tempo, Schrittfolgen und Drehungen zu bewegen. Jedoch nicht sehr viele Mädchen folgten mir dabei, sie waren wohl überfordert.

Bei einer dieser Veranstaltungen im zweiten Studienjahr staunte ich nicht schlecht, wie leicht meine Partnerin die zuerst zaghaften und dann immer gewagteren vielfältigen Tanzbewegungen meinerseits mitmachte. Ich war begeistert! Und hübsch war das Weib auch noch dazu! Also gab es eine zweite Runde, und als plötzlich der letzte Tanz des Abends angekündigt wurde und einige Gedanken während der Tänze ausgetauscht waren, erfolgte der allgemeine Aufbruch der Massen nach Hause. Dieses Zuhause war für uns Wohnheimler – und die meisten waren solche – nur einen Steinwurf entfernt. Ich fragte nach dem Weg meiner Tanzfee, natürlich nicht ohne Hintergedanken. Die unerwartete Antwort war, dass ihr Weg zur Straßenbahnhaltestelle führe, um nach Hause zu fahren. Ich fragte, ob ich sie bringen könne und bekam eine positive Antwort. Ich sagte noch schnell meinen Zimmergenossen Bescheid, dass ich in ein paar Minuten nachkomme. Dass daraus dann so etwa zwei Stunden wurden, hielten sie mir noch tagelang vor. Denn irgendwie landete ich mit Heidrun in der Straßenbahn und vor der Haustür ihrer elterlichen Wohnung. Jetzt aber wirklich Endstation! Noch ein paar beiderseits nette Worte und ein flüchtiger, nein, schon intensiver Kuss, und weg war sie.

Natürlich wusste ich inzwischen, dass sie ein Jahr über mir Mathe und Physik studierte, also MP70 war. Das war schon mal wichtig. Adrenalingeschwängert machte ich mich auf die Heimfahrt. Es war ja nicht nur das blinde Verständnis beim Tanzen. Sie war groß, schlank, schulterlanges, sehr volles braunes Haar ... vielleicht der Anfang meiner großen Liebe.

Die nächsten Wochen und Monate waren zweigeteilt: Studium und Heidrun. Kennenlernen mit andauernden Wochenendbegegnungen war auf Dauer nicht mein Ding. Ich wollte so viel Alltag wie möglich mit ihr verbringen, um zu sehen, was ging und was nicht. Dies beruhte wohl auch einigermaßen auf Gegenseitigkeit. Es folgte eine sehr schöne Zeit des intensiven Kennenlernens, die über ein – aber dafür eben sehr intensives – Jahr zu fast täglichen Begegnungen. Recht schnell durfte ich bei Heidruns Eltern ein- und ausgehen. Wir beide hatten Zeit und Ruhe, uns über »Gott und die Welt« zu unterhalten und ich bekam Einblick in das Leben ihrer Familie. Im Vergleich mit meinem Familienleben unterschied sich das zwar deutlich, aber das spielte für uns keine große Rolle, schließlich wollten wir ja zukünftig unser eigenes Leben in eigenen vier Wänden gestalten. Ausgeprägte Spaziergänge in den naheliegenden »Steigerwald« boten Gelegenheit nicht nur zu Gesprächen, sondern auch zur Wahrnehmung der Umgebung und den Austausch dazu. In diesen Begegnungen kamen recht schnell Gemeinsamkeiten und Unterschiede im Wesen zweier Liebender zustande. Folgerichtig führte das bei uns zu dem Entschluss, das weitere Leben gemeinsam verbringen zu wollen und dies auch standesamtlich zu besiegeln. Diese nüchterne Erkenntnis kam dann auch völlig unromantisch verbal rum. Dass letzten Endes dabei noch einen staatlicher Ehekredit von 3.000 Mark heraussprang, war zwar keine entscheidende Tatsache, aber für die schon gedanklich vorweggenommene Einrichtung einer ersten eigenen Wohnung schon sehr willkommen.

Das Studium gipfelte in etlichen Prüfungen und der Diplomarbeit. Diese schrieb ich mit zwei Kommilitonen, einem frisch verheirateten Ehepaar, das gemeinsam in einer Mansarde im Wohnheim wohnte, zu einem sprachwissenschaftlichen Thema. Wir suchten in den Medien nach eventuell vorhandenen Besonderheiten der Jugendsprache und zogen daraus Schlussfolgerungen. Das machte uns allen drei über Monate der Zusammenarbeit hinweg Spaß, bei allen Anstrengungen und auch Spannungen. Wir regten uns in Diskussionen und Materialsammlungen gegenseitig an und kamen so zu guten Ergebnissen, das heißt, die Arbeit wurde mit »GUT« bewertet. Das war für mich schon seinerzeit der Anspruch in der EOS. Mein Ehrgeiz zielte nicht auf »SEHR GUT«, ich begnügte mich mit »GUT« und erhielt mir damit aufgrund des geringeren Aufwandes viele Freiräume für anderes. Ehrgeiz ist gut, aber auch hier galt: nicht übertreiben.

Intermezzo: Und plötzlich erwachsen – Armeedienst

> »Sie sind hier, um sich auf einen Krieg vorzubereiten.«
>
> *Oberleutnant W.*

Wir saßen zu dritt in einem kalt wirkenden Raum auf harten Rohrstühlen. Weiß- und Grautöne ringsum. Der kleine, moppelige Blonde, der hagere, mittelgroße Schwarzhaarige und ich, der Längste des Trios. Die angespannte Erwartung war uns sicher deutlich anzusehen. Für die nächsten achtzehn Monate würde hier unser neues Domizil sein: dieses Bataillon, diese Kompanie. Zum »Ehrendienst in der Nationalen Volksarmee der DDR« angetreten. Eigentlich wollte ich mein schon festgeschriebenes Lehrerstudium beginnen. Aber Vater Staat wollte es anders. »Kacke«, dachte ich damals. Später, während des Studiums, merkte ich öfter, dass mich diese Zeit nicht nur mit Problemen und negativen Erfahrungen geprägt hatte. Meiner damaligen Verbitterung folgte sogar eine gewisse Dankbarkeit.

Die Grundausbildung begann am 5. November und sollte sich über drei Monate hinziehen. Ein wahrhaft harter Winter stand uns bevor. Eine der ersten Aktionen war eine Schau-Vorführung mit uns drei Neuen anlässlich einer Ausbildungseinheit »Schutz« auf dem Übungsplatz neben den Kasernen-Gebäuden. Es war ein kalter windiger Novembertag. Wir standen mit den nötigen Ausrüstungsgegenständen versorgt erwartungsvoll vor dem stellvertretenden Kompaniechef Oberleutnant W., der diese Lektion mit dem gesamten Zug der Einheit übernommen hatte. Plötzlich wurde der kleine Blonde namentlich aufgerufen und es erschallte das Kommando »GAS«. Wie vom Blitz getroffen wurstelte er aus seiner Umhängetasche die Gasmaske heraus, versuchte mit zittrigen Händen den Vorgang »Stahlhelm ab und Maske auf« zu realisieren und begann dann die ABC-Schutzplane umständlich zu entfalten und sich darin zu verkriechen. So wie wir es im Unterricht, also auf der Schulbank, tags zuvor gelernt hatten. Das alles jedoch unter den belustigten Blicken der beteiligten Soldaten und dem höhnischen Grinsen und den sarkastischen Anfeuerungs-, nein: Befehlskommandos des Herrn Oberleutnant. Das ging bis zur völligen Erschöpfung des »Opfers« und sollte wohl gleich anfangs demonstrieren, was uns hier so erwartete. Nach seinen Worten im Politunterricht waren wir ja schließlich hier, um uns auf einen Krieg vorzubereiten. Das sollte klar sein.

34

Doch schon Anfang Dezember ereilte mich ein Glücksfall. Der Kompaniechef, ein Major W. mit warmer Stimme und klugen Augen, fragte eines Tages vor versammelter Mannschaft beim Morgenappell, ob jemand Schreibmaschine schreiben könne. Ich meldete mich und wurde schnurstracks abkommandiert in den Stab ins große Nachbargebäude. Beim stellvertretenden Stabschef dort stapelten sich Papiere auf dem Schreibtisch und er empfing mich freundlich. Ich hatte in den folgenden zwei Tagen und halben Nächten damit zu tun, Protokolle und alle möglichen Briefe und Berichte an die Kommandozentrale oder sonst wohin zu tippen.

Dabei gab es allerdings ein Problem: Hatte ich bis tief in die Nacht hinein getippt, wollte ich nicht früh um sechs Uhr zum Frühsport antreten, traute mich aber nicht ernsthaft zu widersprechen. Als meine Einheit dann jedoch einen Nachtmarsch machen musste – ich eingeschlossen –, kam es zu einer wohlwollenden Lösung: Ich wurde kurzerhand zu den rückwärtigen Diensten, den Kraftfahrern, Köchen und Leuten zur BV (besonderen Verwendung), versetzt. Ausquartiert aus der Ausbildungseinheit, gab es für mich keinen Frühsport mehr, keine besonderen Dienste wie Kartoffelschälen oder Toilettenreinigung. Von den Küchenleuten dort kamen dagegen abends so manch leckere Bissen auf den Tisch, die selbst die Menschen »draußen« nur im »FressEx« oder INTERSHOP zu sehen bekamen.

Und es kam noch schöner. Der Bataillon-Finanzoffizier brauchte eine Hilfskraft, wenn er schon die vorgesehene halbe Planstelle »Zivilangestellter« nicht besetzt bekam. Er hatte ein Auge auf mich durch meine Aufenthalte nebenan beim Stabschef. Wohl durch seinen Antrag beim Bataillonskommandeur wurde ich dem Oberleutnant H. als »Hilfsfinanzer« auf unbestimmte Zeit zukommandiert. Ab jetzt hatte ich einen einigermaßen geregelten Arbeitstag, fernab der Truppe und auf längere Sicht. Ich schloss früh vor acht Uhr die Kasse auf und hatte bald gelernt, wie der Alltag hier so ablief. Die Offiziere der einzelnen Fach-Dienste wie Kfz oder RD, der Stabschef und sein Stellvertreter, der Poststelle-Bearbeiter und noch andere Stabsangestellte kamen mit allen möglichen Geldangelegenheiten zu uns in die Stabskasse. Die spezifischen Dienste hatten ihre jeweiligen Taschen mit ihren Papieren, Formularen und Unterlagen und regelten alle Ausgaben und Einnahmen mit dem Finanzer. Wir, der Oberleutnant H. und ich, überwiesen außerdem die Gehälter und Alimente der Offiziere monatlich pünktlich, holten hohe Sold-Beträge für das gesamte Bataillon von der Sparkasse der Stadt und stückelten diese zur Auszahlung an die einzelnen Kompanien auf. Damit waren wir unbestritten eine wichtige Institution, vielleicht die wichtigste im ganzen Bataillon. Meine ehemaligen

Kameraden drüben in der Kompanie nannten mich fortan »Scheich«. Mein Chef war ein ruhiger, gutmütiger, im Umgang mit Geld sehr penibel arbeitender Finanzexperte. Er behandelte mich sehr fair und wenig im Armee-Befehlston. Sogar ein paar ältere Offiziersstiefel von sich spendierte er mir nach einem mitleidigen Blick auf meine Knobelbecher aus der Grundausstattung.

Jeden Abend erfolgte Buchführung, in die ich eingearbeitet wurde, und wehe, es stimmte nicht auf Heller und Pfennig. Dann wurde so lange gesucht, bis es stimmte. Und wenn Revision angesagt war, gab es eine mich zunächst irritierende Strategie. Gerade da wurde ein kleiner Flüchtigkeitsfehler in den Büchern »eingebaut«. Ich schaute ihn verdutzt an. Er erklärte mir das so: Wenn die beiden netten Herren früh am folgenden Tag kommen, würden sie zunächst Frühstück machen und wir tauschten die neuesten allgemeinen Erfahrungen aus. Schließlich sehe man sich ja nur zweimal im Jahr. Danach würden sie ihre Untersuchungslisten abarbeiten und so lange suchen, bis sie etwas Unzulängliches fürs Protokoll fänden, denn ohne Erfolg wollten sie ja nicht nach Hause fahren. Also boten wir ihnen den kleinen Fehler und sie würden ihre Arbeit beruhigt und rechtzeitig beenden können.

Eines Tages, nach ein paar Monaten, bekam mein Oberleutnant die Möglichkeit, sich zu verbessern. Er konnte der Chance, Regimentsfinanzer und Hauptmann und Major in einer anderen Einheit zu werden, nicht widerstehen. Ein neuer, frisch von der Offiziersschule kommender Offizier war zwar angesagt, aber noch nicht in Sichtweite. Also schmiss ich alleine ein paar Wochen den »Laden« so recht und schlecht. Dann kam der junge Unterleutnant und ich durfte ihn einweisen. Wir arbeiteten kollegial und gut zusammen. Auch er behandelte mich nicht wie einen Untergebenen mit entsprechender Befehlsgewalt, sondern auf Augenhöhe. Ich konnte sogar mal mit seiner Dienstpistole, als sie auf dem Schreibtisch so rumlag, spielen. Da schreckte er zusammen und schrie »Halt!«, denn das Ding war mit Munition versehen, was ich nicht gedacht hatte.

Doch nach wenigen Wochen kam es zu einer weiteren jähen Wendung. Nach einem Arztbesuch zeigte mir der junge Unterleutnant seine Hände und mir fielen gleich seine extrem dünnen, sehnigen Finger auf. Er eröffnete mir die Diagnose Muskelschwund und eine traurige Perspektive, nicht nur betreffs Entlassung aus der Armee, sondern sogar Lebensgefahr. Nach wenigen Tagen wurde er tatsächlich entlassen mit der schlimmen Prognose, dass sich diese Krankheit weiter in seinem Körper ausbreiten könnte. Das geschah dann auch so, wie man erfuhr.

Und wieder war ich als »Schütze A.« Bataillonsfinanzer und führte nicht nur die Finanzgeschäfte des Bataillons, sondern auch ein vergleichsweise geregeltes Leben, fernab der Hektik und der Kriegsspielereien der Kampfeinheiten nebenan.

Meine Kameraden dort mussten dagegen ihren harten Dienst absolvieren, Wache schieben nachts bei minus fünfzehn Grad Celsius und dabei allerlei Schikanen über sich ergehen lassen. Drei Schikanen hatte ich allerdings auch persönlich in den wenigen Wochen Grundausbildung zu durchleben: eine nicht mal halb volle Mülltonne aus der dritten Etage auf den Müllplatz bringen – war noch nicht so schlimm. Aber als ich eines Abends vom Ausgang gegen 22 Uhr zurückkam und meine Einheit zum Küchendienst kommandiert war, befahl mir der Spieß, ebenfalls noch zum Kartoffelschälen zu gehen. Mein Argument, ich hätte bis 24 Uhr Ausgang und sei eigentlich noch gar nicht da, ließ er nicht gelten. Ich bestieg dennoch meine Koje und drehte mich auf die Seite zum Schlaf. Resultat: Beim nächsten Morgenappell wurde ich vor versammelter Mannschaft vom Kommandeur mit vier Arbeitsverrichtungen wegen Befehlsverweigerung bestraft. Diese musste ich nie ausführen, weil der Kompaniechef wohl die Widersinnigkeit erkannt hatte, aber gezwungen war, formal zu handeln. Außerdem hatte ich bei ihm »einen Stein im Brett«, weil er wusste, dass ich Russischlehrer werden wollte, und er mit einer Offiziersweiterbildung in Moskau liebäugelte. Ich sollte ihm die russische Sprache etwas näher bringen. Daraufhin musste ich erst mal einen Kurzurlaub nach Hause antreten und Bücher und Materialien dafür holen. Nicht schlecht! Außer zu zwei oder drei kurzen Lektionen im Offizierskasino kam es aber nicht. War wohl nicht so »sein Ding« oder aber ich war nicht der richtige »Lehrer«, der ich ja erst werden wollte. Außerdem war ich dann ja weg aus seiner Kompanie.

Das dritte Erlebnis war schwerwiegender und mir in dem Moment gar nicht so bewusst: Der schon erwähnte Oberleutnant W., aufgefallen durch die Schikanen der ersten Ausbildungseinheit, hatte eines Morgens den schräg neben mir im unteren Bett liegenden Soldaten B. zum Frühsport zwingen wollen, obwohl sich dieser gesundheitlich schlecht fühlte und das auch vernünftig mitteilte. Es war ein schon etwas älterer, ruhiger, sympathischer Kamerad, der bestimmt nicht markierte. Wir nannten ihn alle Bummi. Als dieser also nicht wie befohlen aus dem Bett stieg, traktierte W. das Doppelbett wütend und schreiend so heftig, dass es zur Seite ans Nachbarbett kippte und Bummi praktisch ausgekippt wurde. Das ging diesem und auch uns anderen Zeugen des Geschehens zu weit. B. war aufgebracht und zitterte am ganzen Körper. Er bat mich, den Stabsschreiber mit

Zugang zu Schreibmaschine und Papier, für ihn einen Beschwerdebrief an die Regimentskommandantur zu schreiben. Das taten wir auch gemeinsam und mir war dabei kaum bewusst, dass ich dafür vielleicht Schwierigkeiten bekommen könnte. Doch es kam ganz anders. Zwei Tage später war Oberleutnant W. zum Erstaunen der gesamten Kompanie verschwunden und ward nie mehr gesehen. Eine Erklärung gab es dafür natürlich nicht. Ich kann mir nach den mehrfachen Erlebnissen mit diesem Offizier nur vorstellen, dass er schon vorher Vergehen begangen hatte und dies jetzt der Auslöser war, ihn zu versetzen. Durch meine Nähe zum Kompaniechef hatte ich auch gemerkt, dass dieser mit W., der ja als sein Stellvertreter fungierte, nicht besonders gut zusammenarbeitete, dass es da Spannungen gab.

Meine Versetzung brachte also nicht nur einen geregelteren Alltag im Stab, sondern bewahrte mich auch vor so manch hässlichen Erlebnissen in der Ausbildungseinheit.

Ich erinnere mich da noch, wie eines Tages ein Lkw mit zwei zitternden, pudelnassen Soldaten ankam. Und das im Januar bei eisiger Kälte. Sie waren bei Ponton-Übungen in die Saale gefallen. Ein anderer Soldat kam mit erfrorenen Ohren ins Lazarett, weil er die Ohrenklappen der Mütze nicht hatte runtermachen dürfen. Das geschah nur auf Befehl, der offensichtlich nicht kam.

Da schätzte ich die warme Bürostube und in der Mittagspause gab es oft zur körperlichen Ertüchtigung eine Runde Tischtennis an den zwei Platten auf dem Dachboden des Stabsgebäudes. Wenn der Kommandeur mitspielte, musste er natürlich gewinnen. Ansonsten ging es sehr kameradschaftlich und ohne Dienstgradanrede unter den Stabsoffizieren zu. Ich wurde dazwischen geduldet und meine ebenbürtigen, wenn auch laienhaften Tischtenniskünste wurden akzeptiert.

Apropos Bataillonskommandeur. Er war ein »Herrscher« wie im Bilderbuch. Überstreng, Angst verbreitend, zynisch, arrogant – selbst seinen Stabsoffizieren gegenüber.

Eines Tages rief er mich zu sich in sein Arbeitszimmer am Ende des langen Ganges. Mir war auf dem Weg dahin nicht sehr wohl. Plötzlich erinnerte ich mich. Schon mal, vor längerer Zeit, hatte er mich draußen auf dem Weg zum Nachbargebäude rüde zurückgebrüllt, weil ich irgendwas falsch gemacht hatte, vielleicht nicht richtig gegrüßt, ich wusste es nicht mehr. Ich war aber schon relativ weit von ihm entfernt gewesen, hatte so getan, als hörte ich es nicht mehr, und war weitergelaufen. Komischerweise hatte es kein Nachspiel. Was er jetzt nur von mir wollte?

Er empfing mich recht förmlich und höflich, zeigte sich mit meiner Arbeit als Finanzer sehr zufrieden und fragte mich, ob ich nicht nach dem Grundwehrdienst als Finanzoffizier weitermachen wolle. Ich zögerte nicht lange und antwortete ehrlich: Die Tätigkeit an sich gefalle mir zwar, als Zivilangestellter könne ich mir das vielleicht vorstellen, als Berufssoldat aber nicht. Er lächelte ganz schwach und bat mich nur, es mir noch mal zu überlegen, ich könne jederzeit damit zu ihm kommen und die Gelegenheit sei günstig. Ich war überrascht und rechnete ihm hoch an, dass er mich nicht mit einer Offizierslaufbahn zu bedrängen versuchte. Ich erinnerte mich an den Versuch der Offizierswerbung in der elften Klasse der EOS vor dem Abitur. Er sprach mich auch nie wieder darauf an.

Eines Tages kam der Stabschef, ein Major, für den ich auch schon anfangs wiederholt Protokolle getippt hatte, früh in die Kasse und fragte mich unverblümt: »Na, Bachmann, wie gefalle ich Ihnen als Hauptmann?« Ich schluckte, schaute auf seine Schulterstücke und konnte natürlich nicht antworten. Tatsächlich – er war über Nacht zum Hauptmann geworden. Wir erledigten unsere Dienstgeschäfte wie immer. Wenig später erfuhr ich über den Buschfunk im Stab die Ursache seiner schnellen Degradierung. Er war am vergangenen Wochenende bei einer Feierlichkeit mit sowjetischen Militärfreunden wohl der Frau eines Sowjetoffiziers zu nahe getreten ... so sagte man hinter vorgehaltener Hand mit etwas kräftigeren Worten. Offiziell gab es natürlich gar keine Erklärung dazu, es wurde totgeschwiegen.

So ging diese achtzehnmonatige Phase sehr glimpflich an mir vorbei. Eigentlich nur dem glücklichen Umstand geschuldet, dass ich Schreibmaschine schreiben konnte. Wer hätte das gedacht? Und entlassen und verabschiedet wurde ich als Einziger der wenigen Grundwehrdienstleistenden dieses Jahrganges mit der Beförderung zum Unteroffizier der Reserve, was mich aber wenig beeindruckte. In Gedanken war ich schon zu Hause. Am Entlassungstag ergab sich, dass ich entgegen dem Plan – Heimreise per Bahn – mit einem Kameraden privat per Pkw mitfahren konnte. Er wurde persönlich abgeholt und war auch aus Z. Dadurch war ich eher zu Hause als erwartet. Ich schlich mich in Haus und Wohnung und erwischte Mutter bei den letzten Handgriffen der Empfangsvorbereitungen. Alles war picobello sauber, der Fußboden noch nicht ganz getrocknet vom Wischen. Wortlos fielen wir uns in die Arme. Ein warmes Gefühl von Wieder-zu-Hause-Sein durchfloss mich und erst langsam fanden wir beide wieder zur Sprache und zum Ausdruck unserer Freude.

In den langen Wochen und Monaten war mein Zuhause jederzeit gegenwärtig und auch eine ganz praktische Unterstützung gewesen. So viele Briefe und Pakete wie ich bekamen nur wenige meiner Kameraden und zu Weihnachten sah ich einige große, stramme Kerle mit lauter Stimme und viel Aktionismus andächtig und mit Tränen in den Augen auf ihren Betten liegen, vor Einsamkeit. Das blieb mir ebenso erspart wie so manch anderes.

Beruflicher Werdegang

Wegsuche und Zielankunft

Im Rückblick bezeichnen Sie Ihre beruflichen Betätigungen als eine große Wanderung mit weitestgehend selbstgewählter Route, zielgerichtet, nicht glatt und eben verlaufend, aber sehr interessant und bereichernd.

Ja, und als vorerst letztes großes »Wegstück« stand eines Tages das Angebot vor mir, für drei Monate zu einer Lehrtätigkeit nach Peking zu gehen.

Was waren dazu Ihre ersten Gedanken?

Ich habe es als eine wahrscheinlich einmalige Möglichkeit betrachtet, meinen beruflichen Lebensweg um einen »Meilenschritt« zu erweitern, ja, in einem gewissen Sinne abzurunden, zu beenden, anzukommen.

Wie meinen Sie das?

Ich wollte bereits seit früher Kindheit und Jugend Lehrer werden. Elternhaus, Großeltern und vor allem meine persönlichen Erfahrungen mit Schule und Lehrern haben dieses Bestreben geprägt. Da gab es sowohl besonders positive Erfahrungen, also z. B. sogenannte Lieblingslehrer, wie aber auch negative Gefühle wie z. B. ungerechte Behandlung, Unterforderungen betreffs des Erkenntnisdranges. Die daraus folgende Haltung – das willst du besser machen oder genauer wissen – führte dann zum Lehrerstudium.

Und der Start der beruflichen Karriere verlief nach Wunsch?

Das kann man wohl nicht sagen. Als der Berufsalltag als Lehrer begann, fragte ich mich sehr bald: Und jetzt sollst du bis zu deinem Rentenalter den Kindern Rechtschreibregeln und Literatur eintrichtern? Das kann es doch nicht gewesen sein. Bei allem Interesse und ganzem Einsatz meiner Kräfte – es brachte nicht die gewünschte Befriedigung für mich selbst. Dazu trug wesentlich bei, dass ich mich nicht mit allen

Inhalten und Formen, wie »unsere« Schule in den 80er Jahren junge Menschen auf das Leben vorbereiten wollte, identifizieren konnte.

Gab es eine Alternative?

Auf Anhieb nicht. Erstens habe ich es mir nicht einfach gemacht und lange darüber nachgedacht, ehe ich mich echt entschied. Und zweitens ließ man mich nicht so einfach von der Schule weggehen. Aber auch das hat gerade meinen festen Willen, die Hartnäckigkeit und Ausdauer der »Bürokratie« gegenüber bestärkt und führte letztendlich zum Erfolg.

Wer war »man«?

Mein damaliger Arbeitgeber, die Abteilung Volksbildung des Rates der Stadt Erfurt.

Welche Aussicht auf einen Neubeginn hatten Sie damals?

Wenig Konkretes. Das machte es nicht einfach. Es genügt ja nicht, zu wissen, was man nicht will. Man sollte auch eine Alternative haben. Ich wusste zunächst nur, dass ich durchaus wieder mit und für junge Menschen arbeiten wollte, aber nicht im staatlichen Schulbetrieb, wo man nur ein kleines Rädchen in einem großen Getriebe ist und es unmöglich ist, gegen den Strom zu schwimmen. Ideale hin und her.

Eines Tages war eine neu geschaffene Planstelle für Jugendklubarbeit für den Bezirk Erfurt zu besetzen. Wie für mich geschaffen! So wandte ich mich dem anderen, ebenso wichtigen Lebensbereich junger Menschen, der Freizeit, zu. Dort pädagogische Hilfe zu erteilen, schien mir sehr lohnenswert, weil ich auf diesem Felde echte Defizite sah, d. h., die Jugendlichen waren weitestgehend auf sich allein gestellt und außer Disco und »rumgammeln« fiel vielen von ihnen oft wenig ein. Also versuchte ich, Angebote und Erfahrungen für Freizeit und Kultur zu sammeln, zu verallgemeinern und jungen Menschen nahezubringen. Das kam meinen Vorstellungen einer sinnvollen und befriedigenden pädagogischen Tätigkeit eher entgegen. Und ich hatte große Freiheiten dabei, denn es gab niemanden, der mir sagen konnte, was und wie ich arbeiten müsste.

Das war aber auch nicht auf »Ewigkeit« angelegt?

Nein. Ich war nie der damals noch weit verbreiteten traditionellen Auffassung, das einmal Gelernte bzw. Studierte nun sein Leben lang in derselben Tätigkeit ausüben zu müssen. Wenn man einige Jahre mit und für Jugendliche gearbeitet hat und auch selbst älter geworden ist, sucht und findet man Möglichkeiten, auch für Menschen anderer Alters- und Interessenstrukturen in Fragen Freizeit und Kultur etwas zu tun. Das war für mich eine ganz logische Fortsetzung und neue Herausforderung. Im Kulturbund der DDR, einer sogenannten Massenorganisation, fand ich den Rahmen dafür. Heute würden wir es Kulturmanagement nennen, damals waren es Kreissekretäre und es beinhaltete natürlich auch eine politische Komponente. Daran drohte mein neues Vorhaben zu scheitern. Denn die erste Forderung für diesen Job war, Mitglied der SED zu werden, wie es fast alle Amtskollegen im Bezirk Erfurt waren. Ich lehnte dankend ab, mir solche Bedingungen – ja, ich empfand es als kleine Erpressung – diktieren zu lassen.

Und es klappte dann doch noch?

Ja, nachdem ich meine Meinung zu solcherart Vorgehensweise und mein Verständnis von Kulturarbeit im Rahmen der »Kulturorganisation« Kulturbund dem 1. Bezirkssekretär ausführlich dargelegt hatte, schrieb ich den Job für mich enttäuscht ab. Erstaunlicherweise erhielt ich jedoch wenige Tage später meine Berufungsurkunde.

Ohne Parteiantragsformular?

Ja, natürlich. Ich bekam diesen Ausnahmestatus zwar in meiner folgenden Arbeit oft zu spüren, nutzte es aber auch im positiven Sinn. Zum einen ebnete er mir den Weg zu den vielen ehrenamtlich tätigen Kultur- und Kunstschaffenden, die auch nicht politisch vereinnahmt werden wollten, und zum anderen konnte ich unbefangener den Politfunktionären gegenüber auftreten, mit denen ich natürlich ständig zu tun hatte. Sie hatten keine Mittel, mich in Parteidisziplin zu zwängen.

Das war aber auch nur eine »Episode« in Ihrer beruflichen Laufbahn?

Nein, das wäre ein falscher Begriff. Es war eine von mir sehr ernsthaft und mit ganzem Einsatz an zwei Dienstorten betriebene Tätigkeit über sechs Jahre hinweg, von deren Nutzen ich zutiefst überzeugt war. Diese Überzeugung basiert auf dem Anspruch, anderen Menschen Hilfe zur Selbstverwirklichung zu geben. Das kann sehr vielfältig geschehen: ihnen Möglichkeiten und Wege zu Bildung, Kultur und Kunst zu öffnen, ihnen den Zugang zu Hobbys und ganz individuellen Interessen zu erleichtern, Möglichkeiten zu bieten, sich mit Gleichgesinnten zu treffen und zu kommunizieren – in welcher Form auch immer ...

Könnten Sie uns dafür ein konkretes Beispiel geben?

Wissen Sie, ich denke da an eine alte Dame. Sie war sehr lange Zeit sehr krank gewesen und hatte monatelang fest im Bett gelegen. Sie kam nach einem Konzert mit einem namhaften Solisten an zwei Krücken mühsam auf mich zu und bedankte sich für das großartige Erlebnis. Sie hatte sich dazu erstmals wieder nach über einem Jahr aus dem Haus bewegt. Wenngleich ich natürlich nur der Organisator des Abends war, hatte ich ein großes Glücksgefühl nach diesen Worten.

Oder ich denke an die »Kleinen Galerien« des Kulturbundes. Diese beliebten Ausstellungen brachten vielen Menschen auf ungezwungene Art und Weise Kunst im weitesten Sinne nahe und beflügelten sogar zur eigenen künstlerischen Tätigkeit.

Aber es gab weitere einschneidende Wegesänderungen?

Eines Tages wurde ich gefragt, ob ich meine gesammelten Erfahrungen und auch oft geäußerten weiterführenden Gedanken und Vorschläge zum Thema »Jugend – Freizeit – Bildung – Kultur« wissenschaftlich aufbereiten und im Rahmen einer Dissertation an eben der Einrichtung, wo ich Diplomlehrer studiert hatte, einbringen möchte. Eine derartige Zusammenschau gab es nämlich in den immer sich klar abgrenzenden Wissenschaftsbereichen einer Hochschule kaum.

Auch dies schien mir – obwohl mit Wechsel und Veränderung verbunden – eine kontinuierliche Weiterführung meiner tief in mir angelegten »Route«. Insofern eher eine Wegeserweiterung, keine einschneidende Änderung oder gar Wende.

Auf dieser Wegstrecke entstanden allerdings einige Irrungen und Wirrungen, die das angestrebte Ziel Promotion verhinderten.

Können Sie die »Irrungen und Wirrungen« kurz benennen?

Es waren zwei Sachverhalte, verkürzt dargestellt.

Erstens gab es im Zuge der gesamtgesellschaftlichen Entwicklung zur Wende an meiner Einrichtung und speziell bei und mit meinen wissenschaftlichen Mentoren Diskrepanzen und Querelen, die zur Ablösung bzw. vorzeitigen Pensionierung meines ersten und Monate später auch meines zweiten Betreuers führten. Das war nicht nur entscheidend für bestimmte gemeinsame Blickwinkel auf Probleme, sondern führte zu Themenänderungen in größerem Stil. Beim dritten Mentor, einem Professor aus Hamburg, geriet das Unterfangen weitestgehend ins Hintertreffen. Die gesamte Interessenlage und Hochschulstruktur hatten sich verändert und somit auch meine Position. Ich war jetzt wissenschaftlicher Mitarbeiter in einem Modellversuch zur Umweltbildung.

Dadurch, und das ist die zweite Komponente, wuchs bei mir die Erfahrung, dass meine Thematik, in die ich mich inzwischen tief eingearbeitet hatte, kaum erfolgversprechend nach den herkömmlichen Kriterien für wissenschaftliche Arbeiten wie Dissertationen oder Ähnliches bewertet werden würde. Ich hatte nämlich versucht, Probleme ganzheitlich, also ohne Rücksicht auf feste Grenzen zwischen Wissenschaft und Kunst, rationalem Denken und emotionalem Empfinden usw., zu sehen und zu bearbeiten.

Also scheiterte das Projekt?

Ja und nein. Ja, es gab kein »Endprodukt« und keinen »Doktorhut«. Der war allerdings zu keiner Zeit wichtig für mich.

Nein, denn es gab einen langen Schaffensprozess wiederum im Sinne meines Berufungsethos. Ich hatte das große Glück, meine begonnenen und recht weit geführten Forschungen zur sinnlichen Umweltwahrnehmung im Rahmen des Modellversuches in einem kleinen, kreativen Team einzubringen und weiterzuführen und auch zu publizieren. Das bot Anreiz und Motivation zu weiterem intensivem Selbststudium und zu praktischem Experimentieren in Lehrveranstaltungen mit Studenten. Und es brachte eine große Erweiterung des Tätigkeitsfeldes, denn ich hatte mich als ein Teamarbeiter mit Umweltbildung im umfassenden Sinne zu beschäftigen – wieder etwas Ganzheitliches. Nur Zeit und Kraft für das Schreiben der Dissertation blieb nicht. Alles in allem waren diese fünf Jahre recht befriedigend, weil vielseitig, kreativ, experimental, selbstbestimmt.

Aber eben auch zeitlich genau begrenzt.

Also musste es wieder einen Wechsel geben? Was kam jetzt?

Ein »Tal«, zunächst ohne Ausgangspfad. Mit Beendigung des Modellversuches endete meine berufliche Kontinuität abrupt. Echte Chancen für ein nahtloses Weiterarbeiten – wo und wie auch immer – boten sich nicht. Ich stand buchstäblich auf der Straße. Plötzlicher Stillstand, Umherirren im wahrsten Sinne des Wortes, Gefühl von Verlassenheit und Einsamkeit – und die Frage nach dem Sinn des Geschaffenen und Schaffens ...

Da kam dieses Angebot mit Peking?

Nicht gleich. Zunächst startete ich die »üblichen« Versuche, wieder in Lohn und Brot zu kommen: Bewerbungen, Arbeitsamt ... suchen, suchen, suchen ... Und viel Zeit zum Nachdenken ...

Wie lange ging das so?

Wohl so etwa ein Jahr. Dann bot sich eine Chance, bei einem privaten Bildungsträger als Dozent Spätaussiedler in der deutschen Sprache zu unterrichten. Das war zwar in gewisser Weise auch bereichernd, aber von vornherein nicht auf Dauer angelegt.

Das ebnete Ihnen vermutlich den Weg nach China?

Nur indirekt. Zunächst mal war es wieder eine Aufgabe und Herausforderung, was Neues, wenn auch nicht voll Befriedigendes. Ich spürte dabei, was ich anfangs sagte: Es fehlte noch ein gewisser Schlusspunkt meiner in sich recht stimmigen beruflichen Laufbahn. Ich wusste, nein, ich ahnte immer, besonders in der »Talsohle«, dass da noch was kommt am Horizont des beruflichen Weges. Ich war schließlich erst 52 Jahre alt. Da kam dann das Angebot übers Arbeitsamt. Ich war mir auch gleich sicher, dass es klappen würde, obwohl ich ja nur einer unter vielen war, die auf der Wunschliste standen.

China wäre sicher noch mal ein gesondertes Gesprächsthema. Vielleicht später. Welche Quintessenz haben Sie mitgebracht?

Eine Bereicherung meines gesamten Denkens und Fühlens, die tiefe Langzeitwirkung hinterlässt. In eine andere Kultur einzutauchen, in der ganz und gar alles anders ist, und dort drei Monate zu leben und mit Menschen zu arbeiten, war für mich noch mal eine echte Herausforderung und die Überbietung des Kindheitstraumes vom Lehrerberuf. Es war eine schwere und dabei sehr schöne Erfahrung, die ich sehr bewusst realisiert und genossen habe. Und ich war dabei wie stets und ständig in allen Tätigkeiten nicht nur Lehrer, sondern auch immer Lernender. Das scheint mir wichtig. Doch zu Peking später.

Ja, das wollen wir vielleicht ein andermal genauer erfahren. Doch mich interessiert noch vor dem Hintergrund der Probleme im Bildungsbereich Ihre Meinung: Welche Vision hatten und haben Sie von einer modernen Bildung und Schule?

Ach, das wäre ein abendfüllendes Thema, denn ich beschäftige mich sehr intensiv damit. Ich möchte hier nur thesenhaft ein paar Stichwort nennen, die es meiner Meinung nach wert wären, diskutiert und vor allem in praktische Konsequenzen an der Schule umgesetzt zu werden. Letzteres ist ja das Entscheidende.

Da wäre das Begriffsverständnis, dass Bildung mehr ist als Wissen. Wissens-Aneignung bzw. –Vermittlung genügt nicht, sondern der Umgang mit Wissen, also auch die Gewichtungen und Wertungen müssen gelehrt und gelernt werden. Es geht letztendlich um Können, um Fähig- und Fertigkeiten, um Kompetenzen.

Und die beste und kürzeste Definition von Bildung habe ich bei einem Philosophen gefunden: Bildung ist Selbstverwirklichung und Welterfahrung. Darüber könnte und sollte man sehr lange und intensiv nachdenken und diskutieren ...

Das hat besonders Konsequenzen für Methodik und Didaktik des Lehrens und Lernens. Stichworte wären: innovative Lernmethoden wie z. B. Projektmethode, Workshops und Werkstätten; wo handlungsaktiv, problemorientiert, fächerübergreifend und im Team gearbeitet wird, wo Selbstlernprozesse zu Kompetenzen führen und einiges mehr. Hier müssten zum Beispiel auch die neuesten Erkenntnisse aus der Hirnforschung betreffs des Lernprozesses beim Menschen einfließen.

Welche Kompetenzen halten Sie für wichtig?

Problemlösungskompetenz, zum Beispiel: Wo, wenn nicht in Elternhaus und noch mehr in der Schule sollen junge Menschen lernen, die Vielfalt der Probleme und Konflikte im Alltag des Einzelnen und der Gesellschaft insgesamt wahrzunehmen, zu benennen, zu diskutieren und um Lösungen zu ringen? Toleranz, Kompromissbereitschaft und Prinzipienfestigkeit wären weitere »Schlagwörter« für eine diesbezügliche Diskussion. Dazu gehört auch, Fehler zuzulassen und aus ihnen zu lernen. Unsere Schule bestraft aber Fehler meist sofort mit schlechten Noten. Das macht Angst. Und Angst ist kein gutes pädagogisches Mittel. Und es hemmt oder tötet gar die natürliche Neugier aller jungen Menschen.

Hier scheint unsere Schule einfach im Stillstand zu verharren und dadurch den Erfordernissen der Gegenwart und Zukunft nicht gewachsen zu sein. Man schaue sich in anderen Ländern um, man betrachte entsprechende Studien – es gäbe viel zu tun.

Wer soll was bezüglich schulischer Bildung konkret ändern?

Das beginnt natürlich bei der politischen Weichenstellung und Orientierung, geht über die Lehreraus- und -weiterbildung und bis zu einer gewissen Öffnung der Schulen für Einbeziehung von Experten und Fachleuten und das Hinausgehen der Schüler in das praktische Leben. Dazu braucht die Schule mehr Eigenverantwortung und Selbstständigkeit, ihr unverwechselbares Profil zu entwickeln, ohne gewisse einheitliche notwendige Grundkomponenten zu vernachlässigen. Ich frage Sie: Warum muss jeder Schüler in der gleichen Zeit, auf die gleiche Art und Weise dasselbe lernen – wo wir doch längst von der großen Unterschiedlichkeit der jungen Persönlichkeiten wissen?

Wie soll das realisiert werden?

Ja, ich weiß, es erscheint utopisch.

Der Lehrer allein kann das nicht bewältigen. Seine Rolle könnte sich verschieben, mehr zum Berater, Moderator und Partner der Lernenden, der niemals allwissend vom Katheder – also von oben herab – Wissen vermittelt, das vielleicht in keinem Zusammenhang mit dem Leben der Lernenden steht und morgen schon überholt ist. Woher soll da die Motivation der Schüler kommen, die ja das A und O für erfolgreiches Lernen ist? Und allem voran natürlich durch die Nutzung der modernen Informationstechnologie, die immer größer werdende Möglichkeiten bietet.

Muss da nicht schon in der Lehrerausbildung begonnen werden, oder ist es im Grunde genommen nicht sogar ein gesamtgesellschaftliches Problem?

Natürlich, völlig richtig, ich wiederhole mich gerne:
   Neben der Lehrerausbildung und – ebenso wichtig – einer kontinuierlichen Lehrerfortbildung bedarf es gewisser Voraussetzungen betreffs Freiheiten der einzelnen Schulen, materieller und finanzieller Möglichkeiten und vor allem der Nutzung des kreativen Potenzials der Lehrer, Schüler und Eltern. Nicht zuletzt müssen Bund, Land und Kommune die richtigen Rahmenbedingungen und Kontrollmechanismen setzen. Erst alles zusammen bietet Aussicht auf zukunftsträchtige Veränderungen.
   Ist das ist nur meine Vision?
   Ich möchte noch hinzufügen, dass mir sehr wohl klar ist, dass »die Schule« nicht alle Probleme unserer Gesellschaft lösen kann. Schule und somit auch Lehrer wirken immer in dem Rahmen, den die Gesellschaft insgesamt zulässt und der Schule zuordnet.

Was ist für Sie ein guter Lehrer, ein guter Schulleiter?

... ein Mensch, der glaubwürdig vorlebt, was er »predigt«. Und »predigen« sollte er nicht im alten Verständnis vom Katheder herunter, sondern als Partner, Mentor – ja auch als Lernender. Mit viel Wissen, aber noch mehr Engagement, Erfahrung, Verständnis, Einfühlungsvermögen, Fantasie und Neugierde und stets auf der Höhe der Zeit, mit dem Blick nach vorne, in die Zukunft.

Ihr Resümee insgesamt?

Es fällt recht positiv für mich aus, natürlich ist das sehr subjektiv.
   Ich habe mich mit den drei, vier Themenbereichen beschäftigt, die ich ganz tief in meinem Innern schon immer und auch heute noch als wirklich existenziell wichtig betrachtet habe und wohl auch in meiner Zukunft so betrachte: Jugend, Bildung, Sprache, Kultur, Natur und Umwelt.
   Wer kann schon von sich behaupten, den größten Teil seines Lebens in

weitestgehendem Einklang von beruflicher Tätigkeit und ganz persönlicher Bedeutsamkeit gearbeitet zu haben. Künstler haben wohl im Allgemeinen dieses Glück. Die Grundlage für gute Leistungen ist meines Erachtens ein hoher Grad an Identifikation mit der Sache, nicht zu verwechseln mit Selbstzufriedenheit. Das bringt mir ein Stück »erfülltes Leben« oder auch »Selbsterfahrung« als wesentlicher Bestandteil von Bildung.

Sinn-Frage
Der große Schreibtisch, Akten, Belege.
Verantwortung, Termine – sortiert nach Pflicht und nach Kür.
Telefon, Kalender, Programme – die letzte Rede.
Riesige Berge vollgeschriebenes Papier.
Belege – wofür?
Pflicht oder Kür?

Hinterm Schreibtisch ein Funktionär.
Das Geschäft, es funktioniert nicht mehr.
Und müht er sich noch so sehr.
Die Sinn-Schublade bleibt leer.

LEBEN

BEWEGUNG   BEWEGUNG

REIBUNG   REIBUNG   REIBUNG

WÄRME   WÄRME   WÄRME   WÄRME

LIEBE   LIEBE   LIEBE   LIEBE   LIEBE

WÄRME   WÄRME   WÄRME   WÄRME

REIBUNG   REIBUNG   REIBUNG

BEWEGUNG   BEWEGUNG

LEBEN

Zur heiklen Problematik Stasi-Aufarbeitung

Noch Jahre nach der »Wende« wurde ich hin und wieder bei persönlichen Rück-schauen auf die berufliche Vergangenheit gefragt, ob und wie ich in meinen Positio-nen mit der Staatssicherheit in Berührung kam. Das war zwar selten der Fall, aber nie so, dass ich Probleme damit bekommen hätte, und auch im Nachhinein keine damit habe.

Als ich zum »Leiter der Bezirkskonsultationsstelle Erfurt für Jugendklubs« er-nannt wurde, bin ich mit der Grundüberzeugung an die von mir selbst erstellte Aufgabe gegangen – es gab ja keinen Vorgänger –, den jungen Menschen für die Gestaltung ihrer Freizeit sinnvolle Angebote zu machen, Erfahrungen zu ver-allgemeinern, Anregungen aufzunehmen und so einer gewissen inhaltlichen Leere in vielleicht schön hergerichteten Räumen entgegenzuwirken. Ich wollte nicht dort wirken, wo schon mehr als genug an jungen Menschen »gebildet und erzogen« wird, sondern dort, wo diese in ihrer Freizeit nach ihren eigenen Wünschen und Bedürfnissen sich zusammenfinden und sich kulturell im weitesten Sinne des Wortes betätigen. In den über 300 Jugendklubs im Bezirk Erfurt gab es dafür nicht viele Anlaufpunkte und Hilfen für diese jungen engagierten Menschen. Das schien mir eine neue sinnvolle Aufgabe nach kurzer Lehrertätigkeit vor Schülern der fünften bis zehnten Klassen nach strengen Lehrplänen. Erst im Laufe der Zeit wurde mir klar, dass hinter dieser neu geschaffenen Planstelle eine staatliche und politische Absicht steckte: der Jugend eine »sozialistische Prägung nach Vorgaben der Partei- und Staatsführung« in Weiterführung von Kindergarten und Schule zu geben. Solange das mit meinen inhaltlichen und methodischen Vorstellungen übereinstimmte, war alles gut. Meine diesbezüglichen Vorhaben wurden ja penibel seitens des Rates des Bezirkes, Abteilung Kultur, verfolgt und abgesegnet. Ich erinnere mich an eine Kon-zeption zu einem zentralen Erfahrungsaustausch, da lag ich wohl nicht ganz »auf Linie«, also verschwand diese im Schreibtisch meines Chefs. Als ich nach längerer Zeit danach fragte und verdeutlichte, dass dieses Dokument auch noch in meinem Schreibtisch nach Realisierung verlange, bekam ich dann grünes Licht – ich glaube, mit paar Anmerkungen ideologischer Art.

Deutlicher wurde die ideologische Komponente, als ich bemerkte, dass in meiner BAG (Bezirksarbeitsgemeinschaft) Jugendklubarbeit – ein Gremium von ehrenamt-lichen Jugendklubleitern und gesellschaftlichen Vertretern aller Kreise des Bezirkes

Erfurt – auch zwei oder drei »Verdächtige« von »Horch und Guck« waren. Wir kamen aber ausnahmslos gut miteinander zurecht, ohne dass jemals darüber gesprochen wurde. Meine inhaltlich-methodischen Anregungen, die ja mehr als nur Disco-Veranstaltungen bewirken sollten, waren ja weitestgehend übereinstimmend mit dem gesellschaftlichen Ziel, eine vielseitig interessierte sozialistische Jugend heranzubilden, allerdings mied ich den gängigen Begriff »allseitig gebildete sozialistische ...«. Die von mir organisierten Erfahrungsaustausche, methodischen Handreichungen, Werkstätten und vor allem persönlichen Konsultationen und vertrauensvollen Gespräche in den Jugendklubs stießen überwiegend auf Wohlwollen und Anerkennung, sowohl seitens der vielen ehrenamtlich Tätigen wie auch der »Obrigkeit«.

Etwas deutlicher trat die im Verborgenen agierende Stasi dann bei meinen Tätigkeiten in der »sozialistischen Massenorganisation Kulturbund der DDR (KB)« hervor. Schon bei meinem Vorstellungsbesuch bei der Kreisleitung der SED Arnstadt als zukünftiger Kreissekretär des KB legte man mir am Ende des kurzen, lapidaren inhaltsarmen Gesprächs einen Aufnahmeantrag für die Mitgliedschaft in der SED unter die Nase. Ich lehnte dankend ab und ließ durchblicken, dass ich mich leicht erpresst fühlte. Daraufhin war meine Hoffnung auf den Posten weitestgehend geschwunden. Ich schrieb aber noch einen längeren Brief an meinen 1. Bezirkssekretär des KB, in dem ich begründete, warum gerade ein parteiloser Kreissekretär der Aufgabenstellung des Kulturbundes in diesem Staat besonders dienlich sein kann. Dieser Brief und vielleicht auch die Meinung des 1. Sekretärs machten wohl noch die Runde zum Staatssekretär in Berlin und wider Erwarten wurde ich wenige Wochen später zum Kreissekretär Arnstadt berufen. Hier sowie bei meinen Tätigkeiten in Erfurt war diese Parteilosigkeit mehrmals ein großer Vorteil für mich und meine Arbeit. Ich war vor Bevormundung und Bestrafung durch die SED-Gremien, mit denen ich ja zwangsläufig zusammenarbeiten musste, gefeit, und wenn Vertreter der Stasi ins Haus kamen – z. B. wegen unliebsamer Umweltaktivisten oder Bespitzelungen im Haus gegenüber – war ich außen vor, d. h., ein Kollege von mir als »erfahrener Genosse« führte diese Verhandlungen, ich hatte dann immer einen Termin außer Haus.

Rückblickend ist festzustellen:

Höchstwahrscheinlich gab und gibt es eine Akte bei der Staatssicherheit der DDR über mich. Sie hat mich bis heute aber nicht interessiert, weil ich mir diesbezüglich nichts vorzuwerfen habe. Zu meinen Aktivitäten konnte ich prinzipiell stehen und die wenigen Male, wo es ansatzweise ideologische Probleme gab, konnte ich mich wie beschrieben gut aus der Affäre ziehen.

Natürlich waren mir einige Vergünstigungen und Annehmlichkeiten verschlossen. Auszeichnungen in Form von Auslandsreisen oder angenehme Posten auf der Karriereleiter waren mir nicht vergönnt.

Und so bekam eines der drei oben erwähnten BAG-Mitglieder die Gelegenheit, auf meinem Erfahrungsgebiet »Jugendklubarbeit« und in enger Zusammenarbeit mit mir zu promovieren, ich nicht!

Noch eine Begebenheit zum Schluss:

Als nach der Wende die große Aufarbeitungsphase auch betreffs »inoffizieller Mitarbeiter der Stasi« begann, erhielt ich Post von einem mir bekannten Aktivisten der damaligen Erfurter Umweltbewegung. Er wollte erkunden, inwieweit ich damals in die unschönen Machenschaften der Stasi verwickelt war. Ich verdeutlichte ihm, dass ich in der laufenden Arbeit stets die Tätigkeiten der Gruppe gestützt habe, was auch aus den Unterlagen zu erkennen sein müsste. In direkte Begegnungen und Auseinandersetzungen war ich nicht verwickelt, ob meiner Parteilosigkeit. Damit war die Angelegenheit erledigt.

Dorfleben

Neues Lebensgefühl

Eine wichtige familiäre Entscheidung stand an, nachdem sich die Eigentumsverhält-
nisse in unserem Mietshaus in Erfurt geändert hatten. Wegen Kündigung aufgrund
von Eigenbedarf des neuen Hausbesitzers wurden wir dazu gezwungen. Nach längeren Überlegungen, finanziellen Berechnungen und Informationen über Eigen-
heim-Baumöglichkeiten entschlossen wir uns, aufs Land zu ziehen. Ein Zeitungs-
artikel über eine uns zusagende Gegend brachte uns darauf. Ein Baumanager, der eine
kleine Neubausiedlung am Ortsrand einer kleinen Gemeinde zwischen Erfurt und
Gotha plante und alle bürokratischen Schritte dazu eingeleitet hatte, wurde unser
Ansprechpartner. Mit zwiespältigen Gefühlen ließen wir uns auf das Abenteuer ein
und suchten uns auf der Baugebiets-Karte einen Bauplatz aus, wo unser neues, eigenes Heim entstehen sollte. Bei den ersten Begehungen blühten noch Restbestände
von Raps auf den Äckern, wo ca. zwanzig Einfamilienhäuser entstehen sollten.

Bei den Familiengesprächen im Voraus hatten natürlich die Kinder ihr Mitsprache-
recht. Jens war weniger davon berührt, denn er würde kaum dort heimisch werden.
Das Studium in Mainz war für ihn zukunftsweisend und es war für ihn danach
bestimmt keine Perspektive, in einem 300-Seelen-Dorf sein Leben zu verbringen.
Er war es aber, der bei den vielen Überlegungen und Zweifeln im Vorhinein Mut
machte, dieses Risiko einzugehen. Nüchterne Vergleichszahlen der Baukosten mit
immer steigenden Mietkosten über längere Zeiträume überzeugten uns – und besonders mich, der sich anfangs nicht bis aufs Lebensende verschulden wollte. Eigen-
kapital, zu erwartender Kredit und staatliche Fördermittel ließen hoffen, bis zu unserer Rente schuldenfrei zu sein – wenn alles gut gehen würde.

Unsere Tochter Ute freundete sich schnell mit dem Gedanken an. Bei ersten Spaziergängen über Feld und Flur und nach einem Blick in den Kuhstall mit Kälbchen konnte
sie sich trotz zu bedenkender Umstellungen betreffs Schule und Freundschaften vorstellen, hier ein neues Zuhause zu finden. Diese ersten Erkundungen der Gegend führten auch zu ersten Begegnungen und Gesprächen mit Menschen des Ortes. Sie waren
ja auch neugierig, wer sich in ihrem Ort niederlassen wollte, was das so für Städter sein

würden. Wir fanden also einige persönliche Kontakte und anders als bei manchen später nachkommenden Eigenheimbesitzern entwickelten sich so gute Beziehungen, die in Teilnahmen am monatlichen Stammtisch und an traditionellen Feiern im Ort wie Maifeuer oder Schlachtfest mündeten. Mir war das Landleben ja nicht neu und der engere Naturbezug abseits von der Stadt sollte uns allen guttun.

In der gesamten Bauzeit, also von Frühjahr bis Winter 1995, waren wir so oft wie möglich vor Ort und verfolgten die Bauphasen mit großem Interesse und immer wieder mit der Sorge, dass etwas schiefgehen oder Unvorhergesehenes passieren könnte. Unser Baumanager, der gleichzeitig einen zweiten Neubau im Gebiet beaufsichtigte, bemühte sich zwar um Vertrauen und Seriosität, so ganz konnte ich aber ein gewisses Unbehagen nie ablegen. Nicht nur, dass er aus dem Westen kam und einen großen Mercedes fuhr, würde er gute Baufirmen engagieren, die gute Arbeit ablieferten? Was wäre, wenn er plötzlich ernsthaft erkrankte – er war ja gewissermaßen »Einzelkämpfer«? Bestimmte Zweifel bestätigten sich bei genauerer Betrachtung zweier Firmen. Einerseits kannte ich zufällig aus meiner vergangenen Tätigkeit in Arnstadt den Geschäftsführer der Firma, die die Bodenplatte fertigte, und andererseits schaute ich mir die Firma genauer vor Ort an, die den Rohbau übernommen hatte. Beide Male gab es berechtigte Zweifel an dem Versprechen, nur die besten Handwerksfirmen zu engagieren. Zum Glück lief jedoch alles einigermaßen planmäßig und ordentlich, schließlich hatten wir ja zum Jahresende unsere alte Wohnung gekündigt und mussten uns auf das Versprechen, den Zeitplan einzuhalten, verlassen. Er selbst, der Baumanager, hatte uns auch seine eigenen Pläne offeriert, in dem Baugebiet selbst heimisch zu werden. So konnte er es nicht riskieren, seine Bauherren zu erzürnen oder gar weglaufen zu sehen.

Ein halbes Jahr nach dem Einzug im Dezember 1995 zog Heidruns Vater, unser Opa, nach. Das hatten wir schon bei den Planungen so berücksichtigt, denn sein Solo-Leben in der Stadt wäre für ihn, besonders aber auch für uns, keine gute Lösung gewesen. Diese Entscheidung stellte sich auch bis heute als gut und richtig heraus, denn mit zunehmendem Alter ist unweigerlich Hilfe nötig. Hier ist familiärer Zusammenhalt ganz wichtig und für uns selbstverständlich.

Ein besonderes Erlebnis bahnte sich an, als im Nachbarort ein Pferdestall mit Reithalle gesichtet und besucht wurde und bei mir ganz alte Kindheitserinnerungen und –wünsche wieder erwachten.

Aber auch die persönlichen Freundschaften mit Nachbarn sowie das gemeinsame Feiern von Festen führten zu bleibenden und bereichernden Eindrücken.

So konnte ich aushilfsweise wegen Personalmangels eine Woche lang täglich Trecker fahren, das heißt größere Feldflächen grubbern und eggen. Eine tolle körperliche und sinnliche Erfahrung – von früh morgens bis Sonnenuntergang in der Weite des Feldes lautstark und mit viel Kraft unterm Hintern und großes Gerät hinterherziehend. Es roch nicht nur nach Erde, sondern es hatte sogar etwas Meditatives. Zu Hause sank ich dann am Abend ziemlich erschöpft, aber nicht unglücklich in den Sessel.

Oder ganz direkt an einem Schlachtfest bei Nachbarn teilzunehmen. Kostete zwar manch kleine Überwindung, das Blutrühren, ist aber Landleben pur. Ich hatte den typischen Schlacht-Geruch noch tagelang in meiner Nase.

So wie es auch schön ist, die frischen Eier direkt von dem Nachbarn zu bekommen, an dessen Hühnerauslauf man täglich vorbeigeht. Und die Weihnachtsgans oder - ente ab Mai schon auf der Wiese hinter der Scheune herumlaufen zu sehen. Ganz frische Milch gibt's im nahegelegenen Hofladen oder noch direkter aus der Leitung neben dem Kuhstall in der Nachbargemeinde.

Für Ute war der Schulwechsel in die neunte Klasse von Erfurt nach Neudietendorf auf das Gymnasium auch keine Schwierigkeit. Im Gegenteil. Sie profitierte von den in mancher Hinsicht besseren Voraussetzungen in der Stadt und machte ein sehr gutes Abitur. Unsere anfänglichen Bedenken, jeden Tag für den Weg zur Arbeit in die Stadt vom Auto abhängig zu sein, zerschlugen sich auch mit der Zeit der Gewöhnung. Ja, wir fuhren täglich gern nach getaner Arbeit in der Stadt wieder auf unsere »Scholle« in unsere eigenen vier Wände mit kleinem Grundstück rundherum. Das ist bis heute so geblieben.

Außerdem näherte sich ja von Jahr zu Jahr das Rentendasein. Selbiges brachte dann nochmals Veränderungen des Lebensrhythmus mit sich.

Mein Tag
ganz früh am Morgen:
Stille, Sonnenschein, wohlig warm
Geruch nach frischem Grün und Kuhstall
barfuß durch den Garten – feuchtes, kühles Gras, gelber Löwenzahn

eine Pusteblume, Disteln, Nachbars Katze im Anschleichen
das Grün der Sträucher und Bäume ...
Gartenbank
das riecht nach Frühling

später:
Pellkartoffeln und Zwiebeln direkt vom Dorfladen auf den Herd
Quark mit frischer Landmilch, Kümmel, Pfeffer, Salz aus der Dose
Dill und Schnittlauch frisch aus dem Garten
ein Landbier ...
Gartenbank
das schmeckt nach Frühling

danach:
auf der Liege unter der Weide aalen
mit nacktem Bauch die Sonne einatmen
mit geschlossenen Augen das Konzert der Vögel erlauschen
die grüne junge Saat der Felder wachsen sehen ...
das ist der Frühling

am Abend:
eine leichte Brise, Wolken aus dem Nichts
die Sonne seilt sich langsam übern Kirchturm ab
Stille, dann ein Rasenmäher, dann kalt, dunkel ...
das war der Frühling

drinnen – draußen
Eigene vier Wände, wohlig warme Hände
Sofaecke, Kuscheldecke
Blumen auf dem Tisch, Bücher von Max Frisch
Musik aus großen, schwarzen Boxen, im Guckkasten viele bunte
Ochsen
Wohlfühlszene, Sicherheit – Enge und Beklommenheit

Kalte Morgenluft auf nackter Haut spüren

Die Sonne ganz langsam nach oben klettern sehen
Die Frische des neuen Tages und den Kuhstallmist riechen
Den Morgentau der Gartenwiese unter den blanken Fußsohlen
fühlen
Auf der Gartenbank sitzen
Ein Glas frische Milch schlürfen

Das Dorf mit dem Fahrrad auf holprigen Wegen, Wiesen und
Feldern umrunden
Übern Gartenzaun mit freundlichen Dorfnachbarn schwatzen
Frische Eier von deren Hühnern mitnehmen
Pellkartoffeln und Zwiebeln vom Dorfladen geradewegs auf den
heimischen Herd befördern
Quark mit frischer Landmilch und mit Kümmel, Pfeffer, Salz
verfeinern
Dill und Schnittlauch frisch hinterm Haus abschneiden

Mitten im kühlen Gras unter der sengenden Mittagssonne liegen
Mit geschlossenen Augen dem Zwitschern in den Lüften lauschen
Das Krabbeln der Kleintiere neben und auf mir spüren
Die grüne, junge Saat des nahen Feldes betrachten
Den Geruch des gelb leuchtenden Rapses in der Ferne erinnern
Im zarten Birkengrün des noch jungen Bäumchens den Frühling
schmecken

Wolken ganz langsam aus dem Nichts aufkommen sehen
Den Körper von einer leichten Brise streifen lassen
Die sich hinter den alten, riesigen Pappeln abseilende Sonne ver-
abschieden
Kälte auf der Haut spüren
Donner und Blitz begegnen
Die ersten Regentropfen begrüßen

Eigene vier Wände, wohlig warme Hände
Sofaecke, Kuscheldecke

Blumen auf dem Tisch, Bücher von Max Frisch
Musik aus großen, schwarzen Boxen, im Guckkasten viele bunte
Ochsen
Wohlfühlszene, Sicherheit – Enge und Beklommenheit

Bei den Margeriten liegen
Bei den Margeriten liegen
In das Blaue aufwärts fliegen
Auf dem Ast sich abwärts biegen
Sich mit Spinn und Wurm bekriegen
Nichts und niemanden besiegen

Alter Jungreiter

I.

Mutige Initiative mit Folgen

Ein lang gehegter und geheimer Wunsch wird heute, an einem sonnigen Spät-
sommertag, ganz einfach in die Tat umgesetzt. Das heißt, wir unternehmen den
allerersten Schritt dazu. Wir – meine Tochter und ich – fahren nach gegenseitigem
Anstacheln ins erstaunlich nahe gelegene Grabsleben, um uns für gelegentliche Aus-
ritte in die schöne Landschaft zwischen dem Seeberg und den Drei-Gleichen-Burgen
anzumelden. Auf dem großräumigen Hof des Reitsportzentrums fallen zunächst die
beiden mächtigen hölzernen Tore mit den Aufschriften »Stall 1« und »Stall 2« auf.
Wir peilen das dazwischen liegende Büro an. Hier ist außer einem Plakat, das für
den vielgepriesenen Kinohit »Der Pferdeflüsterer« wirbt, wenig von der erwarteten
Faszination Pferd zu finden. Am fast leeren Schreibtisch sitzt ein hagerer, eher kleiner
Mann mit Schiebermütze. Unerwartete, aber angenehme Stille erfüllt den Raum.
Weiter im Hintergrund bemerken wir etwas später eine dunkelhaarige und ebenso
dunkel gekleidete Dame, die an einem Waschbecken hantiert. Unsere Begrüßungs-
worte werden freundlich von beiden erwidert. Der anfangs fragende Blick des Herrn
wird nach meiner scheinbar leichtzüngig vorgetragenen Wunschäußerung – »Wir
würden gern ab und an in die schöne Gegend hier ausreiten« – zu einer kurzen,

aber starken Zweifel ausstrahlenden Musterung. Sind wir ihm zu lang, zu dünn, zu alt, zu unsportlich? Wir verweilen einen Moment in Unsicherheit und sehen, dass der Mann ungewöhnlich hellblaue Augen hat. Deren Zwinkern wird heftiger, die Augenlider bleiben länger als gewöhnlich geschlossen und sein Blick wendet sich von uns ab. Im Prinzip wäre es schon möglich, mal auszureiten, aber natürlich nur in Begleitung, tönt eine helle, fremdartig anmutende Stimme. Und dann kommt die entscheidende Frage nach der diesbezüglichen Erfahrung. Ja, die Tochter war schon zwei-, dreimal auf einem Ferienreiterhof und ich will es eben auch – aus Verbundenheit mit Tier und Natur. Ob wir wüssten, mit welchen Hilfen man ein Pferd treibe und lenke, fragt jetzt die Männerstimme mit Akzent energischer. Nach einem kurzen Blickwechsel, mit dem wir uns gegenseitig Fragen stellen, stammeln wir im Duett etwas von Beinen und Zügeln. Der Herr schlägt jetzt in streng wirkender Geste und lautstark vor, doch erst mal in ein paar Longenstunden zu testen, was da zu machen wäre. Wir nehmen diese erste Entscheidung freudig an. Er schaut auf das große Blatt vor sich auf dem Schreibtisch. Es ist ein Wochenkalender mit erstaunlich wenigen Eintragungen. Wir einigen uns schnell und nun steht »B. 2x L« mitten auf dem Schreibtisch. Bei unserer Frage nach den Kosten wird er zögerlich und schaut erstmals nach der Dame hinter sich. Ihre freundliche Art bei der Erläuterung der offiziellen Preisliste und das Entgegenkommen nach unseren tiefstaplerisch dargelegten finanziellen Möglichkeiten lassen seitens der Geschäftsführerin auf tiefes Verständnis und Wohlwollen schließen. Mit einem komischen Gefühl von Unsicherheit und selbstfabriziertem Erwartungsdruck, jedoch nicht unzufrieden, ja fast stolz über diesen gelungenen Start fahren wir heim.

Tief in mir schnurrt eine Stimme eine wohlige Zufriedenheit aus, etwas begonnen zu haben, was seit meinen ersten Begegnungen mit Pferden in frühester Kindheit darauf wartete, zum praktischen Leben erweckt zu werden.

Während der Autofahrt sehen wir uns schon voller Enthusiasmus auf dem Rücken wilder Pferde durch die Drei-Gleichen-Prärie streifen. Eine gute Portion Zweifel stellt sich kurz darauf ein, als der himmlische Überschwang langsam, aber sicher vom bodenständigen rationalen Denken an die Reitzukunft abgelöst wird. Wir ahnen wohl, dass vor dem Erfolg der Fleiß – aber noch nicht, wie viel Schweiß – stehen sollte.

II.

Die erste Longenstunde

In unmittelbarer Vorbereitung auf die erste Longenstunde einigen wir uns, dass Jugend vor Alter geht, das heißt die Tochter als Erste aufs Pferd steigt. Ich folge ihr jedoch zuvor zur Mitte der Reithalle, von deren uns gegenüberliegender Stirnseite Pferd mit Reitlehrer immer größer werdend einmarschiert sind, während wir noch brav hinter der Absperrung diesseits warteten. Mein erster Eindruck ist jetzt, dass das Pferd heute unvorhergesehen hoch und überhaupt mächtig gewaltig groß ist, wenn man direkt davor steht und auf seinen Rücken gelangen soll. Noch bevor der Gedanke wieder verdrängt ist, demonstriert der uns beiden in Körpergröße um viele Zentimeter unterlegene Reitlehrer das Aufsitzen. Mit ein paar erklärenden Worten, die mit der Floskel »Na dann wollen wir mal sehen« enden, und einem eleganten Schwung sitzt er im Sattel und gleitet kurz darauf genauso elegant und mühelos wieder herunter. Diese Lehrvorführung des etwa mit mir gleichaltrigen – also fast ein halbes Jahrhundert alten – Mannes war beeindruckend. Jetzt liegt es an der jungen Dame, dem guten Beispiel die eigene Tat folgen zu lassen. Es gelingt ihr, wenn auch mit bedeutend mehr Anstrengung und etwas weniger Eleganz. Und los geht's an der Leine – der Longe – im großen Kreis. Der Reitlehrer in der Mitte folgt stets mit seinem ganzen Körper der Kreisbewegung des Pferdes im langsamen Schritt. Ich erkenne, mit wie viel Geschick die eine Hand die Longe führt und die andere mit einer langen Peitsche sehr vorsichtig hantiert.

Die Tochter absolviert dann alle Aufgaben der nächsten halben Stunde zwar mit einigen Wacklern und angestrengtem Gesichtsausdruck, aber insgesamt zur Zufriedenheit des Reitlehrers. Ich verfolge das Geschehen mit immer flauer werdendem Gefühl in der Magengegend. Jedoch beeindruckt mich die Art und Weise des Reitlehrers, wie er behutsam mit Worten, Gesten, Körperhaltung und mutmachendem Humor Pferd und Reitschüler lenkt und leitet, und das weist die Angst in Schranken.

Dann aber schlägt plötzlich mein Stündchen. Mit eisernem Willen beweise ich, dass der skeptische Blick des Lehrers vor meinem Aufsitzversuch unbegründet war. Und ich schaffe es wider eigenem Erwarten mit zufällig wohldosiertem Schwung beim ersten Anlauf, denn nichts scheint mir blamabler, als auf der gegenüberliegenden Seite des Pferdes gleich wieder hinabzugleiten oder eben durch zu wenig Schwung gar nicht erst auf den Rücken des Pferdes zu gelangen. Es folgt das erste lautstarke Lob des Lehrers, und das macht Mut. Ich fühle mich in meiner Meinung bestätigt, dass die immer wieder von Freunden und Bekannten geäußerte Skepsis, bereits das Aufsitzen sei für sie ein unüberwindbares Hindernis, eine bedenkliche Grundhaltung ist. Wenn ich wirklich fest entschlossen bin, das Reiten zu erlernen, kann das erste und nicht mal wichtigste Problem, also das Aufsitzen, nicht schon für unüberwindbar angesehen werden.

Die folgenden circa zwanzigminütigen Strapazen im Kreis geraten zu einem ambivalenten Gefühlswirrwarr aus körperlicher Höllenqual und gleichzeitig tief im Innern verwurzeltem himmlischem Genuss. Nie habe ich zuvor geahnt, wie wackelig, glatt und holprig ein paar Schritte im Kreis auf dem nach allen Richtungen schwankenden Pferderücken sein können. Das Maß an körperlicher Anstrengung und geistiger Konzentration bei entsprechendem Balance- und Reaktionsverhalten, die sinnliche Wahrnehmung des Verhaltens des sensibel reagierenden Pferdekörpers und behutsame Reaktionen darauf – all das scheint mich jetzt zu überfordern. Ruhig, aber bestimmt tönt es: Gerade sitzen, Schultern zurück, Hacken runter, Knie und Oberschenkel ran, nicht nach vorn fallen, ganz locker die Bewegung des Pferdes mitmachen, den Oberkörper ausbalancieren, ruhig bleiben ... Die ersten Runden sind hart. Die Zeit jedoch vergeht schnell.

Die letzte Kraft gilt nach einer halben Stunde dem herbeigesehnten Abstieg. Zähne zusammenbeißen und wieder in elegant wirkendem Schwung vom Tier heruntergleiten. Beim Berühren des Bodens sind die Knie weich, die Brühe läuft noch mehr als schon vorher von der Stirn und die Hände zittern. Ich habe das Gefühl, mich beim Pferd bedanken zu müssen. Das dazu aus der Hosentasche zu fummelnde Stück Zucker will nicht ans Tageslicht und erst recht nicht aus dem Papier und ins Pferdemaul. Nach diesem zittrigen Finale habe ich nur noch einen Gedanken: Durst, Trinken, Wasser. Der Weg zur Reitergaststätte ist kilometerweit und mörderisch, aber zum Glück erfolgreich. Die Tür steht offen und ich plumpse schwer atmend, mit hochrotem Kopf und tonnenschweren Beinen auf einen Stuhl und bitte die lächelnde Frau hinter dem Tresen um Wasser. Dem ersten Glas, das eine Ewigkeit auf sich warten lässt, folgt ein zweites und langsam werde ich wieder ansprechbar. Es stellt sich ein Gefühl von Wohlwollen, Zufriedenheit und Stolz ein. Eigentlich mehr als das, aber ich kann es nicht benennen. Meine Tochter, die sich – strahlend neben mir sitzend – inzwischen wieder akklimatisiert hat, kann meinen Zustand nachempfinden und wir können uns wortlos dazu verständigen.

Den Rat des Lehrers befolgend, steige ich zu Hause gleich in die warme Badewanne. Trotzdem: Ein nicht zu verachtender Muskelkater folgt!

III.

Ein Adrenalinstoß vom Feinsten

Im Verlauf der folgenden Monate stehen mehr oder weniger regelmäßig zwei Reitstunden pro Woche auf dem Plan. Dabei überwiegen für mich trotz regelmäßig durchschwitzter Hemden bei Weitem die schönen, ja erhabenen Momente: das erste Mal das große starke Pferd selbst aus dem Stall über das Gelände in die Halle führen, die kleinen Fortschritte beim Ausbalancieren des eigenen Körpers, die nicht mehr so oft aus den Bügeln rutschenden Füße, der erste Galopp an der Longe, das erste freie Reiten in der Halle und der erste freie Galopp, das erste Mal auf dem Reitplatz im Freien und vor allem: der erste Geländeritt!

Lange Zeit ist mein größtes Problem das Loskommen vom sogenannten SOS- oder Angstriemen. Vorn an der Mitte des Sattels bietet er die Möglichkeit des Festhaltens. Damit kann man als Anfänger das schwierig zu haltende Körpergleichgewicht besser ausbalancieren und ab und zu – besonders beim Angaloppieren – die Bewegung des Pferdes besser mitmachen, sich förmlich tief in den Sattel hineinziehen. Außerdem ist er eine psychologische Hilfe, im wahrsten Sinne des Wortes der rettende Anker schon bei kleinen Gefahren, wie einem Schritt- und somit Taktfehler des Tieres, der ja ab und an vorkommen kann. Lange Zeit mahnt mich der Reitlehrer zur Geduld, doch nach bald einem halben Jahr des Mühens geht diese selbst bei ihm ab und an verloren. Er kündigt zweimal an, den Riemen einfach abzunehmen, damit ich ohne ihn zurechtkommen muss. Aber auch das bewirkt noch keinen durchschlagenden Erfolg bei mir. Das belastet mich immer mehr.

Besonders die dritte, die schönste, aber auch schwierigste Gangart, der Galopp, hat es mir angetan. Einerseits fiebere ich diesem Höhepunkt entgegen, andererseits habe ich umso mehr Angst, je näher der Moment rückt. Christian – inzwischen vom autoritären Lehrer zum Duz-Partner geworden – hat das schon zeitig erkannt. Bereits in mehreren Übungsstunden vor einem der großen Augenblicke meiner »Reitkarriere« ließ er zwei-, dreimal kurz angaloppieren, ohne dass ich es recht merkte, und studierte mein Verhalten. Jetzt endlich hat er beschlossen, es mit mir zu wagen. Der leichte Trab gelingt recht sicher, natürlich noch mit leichtem

Riemengriff. Christian dirigiert und beschleunigt Kingston, den verlässlichen zehn-jährigen Trakehner-Wallach, mit seiner gekonnten Longenführung und dem be-hutsamen Peitscheneinsatz. Ich merke, dass irgendetwas in der Luft liegt. Kingston spitzt die Ohren. Ich beiße die Zähne ebenso fest zusammen, wie ich die Knie an die Sattelpauschen presse. Die Hände sind ganz fest am Angstriemen. Es ertönt die Aufforderung, zweimal sitzenzubleiben, und ganz harmonisch gleitet das Pferd in den Galopp. Jetzt erst ertönt laut und fordernd: Sitzen – Wischen – Sitzen – Wi-schen – eins-zwei-drei, eins-zwei-drei – Sitzen – Sitzen. Das heißt zunächst fest und ruhig im Sattel sitzen, dann im Takt des Pferdegangs im Sattel das Gesäß von hinten nach vorne rutschen und das in immer wiederholter Abfolge. Einige Takte Walzer-musik vom Schwersten, aber gleichzeitig vom Feinsten. Schon beim Angaloppieren spüre ich die ganze Kraft der einen Pferdestärke viel deutlicher – weil direkter – als die 100 PS bei meinen Autostarts. Und dann fliege ich vorwärts, den Boden unter mir immer nur noch einen kurzen Moment spürend ... Eine Mischung aus Kampf und Wonne zugleich ... Ein immer stärker werdendes irres Gefühl bei gleichzeitig schwindenden Kräften ... einfach herrlich!

Das Niveau meines Adrenalinspiegels ist bestimmt persönlicher Rekord. Mein verbissenes Kampfgesicht wandelt sich zum grinsenden Mondgesicht, als Christian nach dieser für mich sehr langen Minute in seinem trockenen Ausdrucksstil sichtbar zufrieden fragt, warum ich davor so viele »Manschetten« gehabt hätte. Statt einer Antwort strecke ich ihm meine Siegesfaust entgegen und ein langes und deutlich hörbares Durchatmen soll meine Hochstimmung in Dankbarkeit zu ihm tragen. Ich bin der King mit King(ston)! Der bekommt ein paar kräftige Klapse auf den Hals. Hat es bestimmt nicht ganz leicht mit mir.

IV.

Nicht mein Tag

Ich mache mich wie stets eine reichliche halbe Stunde vor Unterrichtsbeginn auf den Weg zum Pferdestall, um mit dem Tier Kontakt aufzunehmen, es zu putzen und zu zäumen. Das ist mir ein ebensolches Bedürfnis wie die halbe Reitstunde selbst. Diesmal erschrecke ich beim Anblick von Kingston in der Box. Seine ganze linke Körperhälfte ist total mit hellbrauner, fest verkrusteter Erde überzogen. Er hat sich höchstwahrscheinlich auf der Koppel gewälzt. Wie soll ich das in der kurzen

Zeit wieder aus dem Fell bekommen? Da läuft mir wie gerufen Christian über den Weg. Nach meinem Klagen führt er stöhnend, aber wortlos das Pferd aus der Box heraus und vor den Stall, bindet es dort fest und gibt mir eine extragute Bürste zum Striegeln. »Nun aber mal warmgemacht«, nuschelt er mit verschmitztem Gesicht und ist wieder verschwunden. Nur ganz kurz habe ich wieder in seine blauen Augen geschaut. Ich mache mich mit hochgekrempelten Ärmeln an die Arbeit. Zwanzig Minuten lang stiebt es vom Rücken des Tieres und tropft es von meiner Stirn, dann ist Kingston wieder halbwegs salonfähig. Ich hingegen bin k. o. wie sonst nach dem Unterricht.

Das Aufwärmen in den ersten Minuten an der Longe habe ich heute nicht nötig. Kingston hat sich auch schon bewegt, also geht es in der Halle gleich in den leichten Trab im Kreise. Auch fehlen heute zu Beginn der Stunde die schon oft gehörten klugen Sprüche des Reitlehrers: Nicht auf dem Pferd, sondern im Pferd musst du sitzen! Denk dran, der Motor ist hinten! Pass auf, der Kerl ist klug und maust dir ganz langsam die Zügel! Du musst über die Zügel mit dem Pferd ständig telefonieren! Du hast das Pferd ordentlich von hinten nach vorne geritten …

Meine Runden in der Halle gelingen recht gut. An die außergewöhnlich gespannte Atmosphäre in der Halle, wo jedes kleine Geräusch, ob Wind oder Vogelflug, durchs offene Dach auf das Pferd Wirkung zeigt, habe ich mich inzwischen gewöhnt. Ich beginne den leichten Trab zu genießen. Dabei leert sich allmählich mein Kopf vom belastenden Alltagsgerümpel. Plötzlich nach dem Angaloppieren ein völlig unerwarteter Ruck und ich hänge tief unten rechts neben dem Sattel zwischen Himmel und Erde – das heißt circa 50 cm über dem Hallenboden. Kann mich gerade noch mit den Händen an Riemen und Sattel halten. So galoppiert Kingston zwar durch Christians Bemühungen mit dem verlängerten Zügel, der Longe, etwas gebremst, aber doch nicht abrupt gestoppt weiter. Ich kämpfe anderthalb Runden lang mit allen Kräften, ohne zu wissen, was günstiger ist: völlig absitzen und auf die Erde gleiten lassen oder versuchen, wieder hochzukommen. Instinktiv habe ich wohl Letzteres probiert, denn wider Erwarten sitze ich plötzlich wieder im Sattel. Meine Arme und Beine, besonders aber die linke Leistengegend schmerzen. Ich bin durchschwitzt und kräftemäßig am Ende, aber nicht unglücklich über den Ausgang. Sogar ein wenig stolz, nicht heruntergefallen zu sein. Da kommt die nüchterne Aufforderung des Reitlehrers, mich bei Kingston dafür zu bedanken, dass er mich wieder in den Sattel geworfen hat. Ich glaube, nicht richtig gehört zu haben, und bestehe darauf, zumindest einen Anteil an Erfolg und Lob zu haben. »ICH habe mich hochgekämpft«, ist meine energische Erwiderung. Diesmal sehe ich den Gesichtsausdruck Christians nicht, zu sehr bin ich noch außer Atem und mit mir beschäftigt. Ist wirklich nicht mein Tag heute.

Im Nachhinein will ich natürlich wissen, wie das passieren konnte. Zunächst ernte ich die harsche Kritik, eben nicht wie tausendmal angemahnt immer die Knie und Oberschenkel richtig dran gehabt zu haben. Und unaufmerksam war ich auch. Anderenfalls hätte ich das zweite Pferd, das noch mit in der Halle war, besser beobachtet, besonders wenn sich die beiden nahe kamen. Bei einer solchen Begegnung wollte Kingston nicht wie von der Longe angewiesen links auf die Kreisbahn, sondern rechtsherum dem Kameraden nach. Die Longe zwang ihn jedoch zurück in seine Bahn. Das Trägheitsgesetz entfaltete seine Wirkung und ich flog aus dem Sattel. Ganz einfach. Und verstehen kann er das Pferd auch ganz gut. Es war schließlich nur der angeborene Herdentrieb ... Wirklich nicht mein Tag heute.

V.

Die neue Stute

Seit wenigen Wochen steht ein neues Pferd im Stall: groß, riesiger Kopf, gepflegtes glänzendes Fell in sehr ähnlichem Braunton wie Kingston, hübsch, ruhig, majestätisch, noch etwas scheu, aber bei behutsamer Begegnung schnell zutraulich werdend. Keiner meiner recht häufigen Stallaufenthalte hat mich bisher an ihrer Box vorbeilaufen lassen. Wie ein Magnet zieht mich die neue Stute in ihren Bann. Vom anfangs vorsichtigen Beschnuppern und zaghaften Berühren kommen wir zu immer intensiveren Streicheleinheiten mit Lobesworten meinerseits, alles aber noch hinter den Gittern der geschlossenen Box. Dieses Prachttier scheint mir für meine Tochter und mich – uns beide lange Lulatsche von über 1,80 m Länge – wie bestellt. Aber ob wir sie überhaupt reiten dürfen? Die korrekten Besitzverhältnisse sind mir von Anfang an schleierhaft. Zuerst verlautet aus der »Chefetage«, die Stute Adria sei ein Schulpferd, dann wieder nicht, dann halb privat der Chefin gehörend – eines Tages ist es entschieden. Christian kündigt mir am Telefon an, dass ich zur nächsten Stunde die Stute als erster Reitschüler reiten darf. Und er setzt hinzu, dass ich mich freuen soll. Selbiges geschieht sofort. Ich gröle irgendwelche unkontrollierten Freudentöne durch den Hörer. Erwartungsgeladen komme ich am nächsten Tag an. Etwas zögerlich betrete ich erstmalig die Box der beeindruckend großen Stute und liebkose sie viel intensiver und direkter als bisher. Sie nimmt meine Annäherungsversuche sogar willkommener an als Kingston, der meist wegzieht, wenn meine Hand seine Stirn berührt. Sie ist mir gar nicht fremd und genüsslich will ich beginnen, das große, stolz wirkende Tier zu striegeln. Doch ich scheitere schon im Ansatz. Das Stallhalfter von Kingston, das ich mangels eigener Zubehörtasche für Adria benutzen will, passt nicht über ihren riesigen Kopf, den sie mir bereitwillig hinhält. Ich verstelle die Schnallen aufs äußerst Mögliche, dann klappt es gerade so. Ihr braunes Fell ist etwas samtiger, weicher als das von Kingston. Auch bei ihr spüre ich, wie wichtig es beim Striegeln ist, nicht zu viel und nicht zu wenig Druck mit dem Striegel auf den sensiblen Körper auszuüben. Sobald etwas zu viel Kraft wirkt, zuckt das Fell an empfindsamen Körperstellen und im wiederholten Falle macht das Tier einen Schritt zur Seite – im günstigsten Fall. Ich erinnere mich an meinen Übereifer beim Putzen des stark verschmutzten Kingston nach dessen Koppelgang. Und an einen noch dümmeren Fehler, als ich neulich Kingston die Mähne und die Stirn mit striegeln wollte. Ehe ich mich versah, machte er einen so kraftvollen Satz zurück, dass der Anbindstrick riss und gleichzeitig noch der metallene Karabinerhaken entzwei sprang. Ich war wohl mehr erschrocken als das Pferd.

Auch jetzt spreche ich vorsichtshalber bei der Arbeit beruhigend auf Adria ein und bin neugierig, wie ich auf ihrem Rücken zurechtkommen werde. Christian führt sie selbst in die Halle, ich gehe wie anfangs immer außen herum und wir treffen uns inmitten des begrenzten Vierecks. Es folgt die gewohnte Zeremonie: Longenleine und Ausbinder anbringen, Bügellänge einstellen, nachgurten, aufsitzen. Alles ohne Probleme. Adria geht an. Neues Gefühl – anders, aber gut. Etwas kürzer und härter im Schritt als Kingston, aber sensibler reagierend auf jede Bewegung des auf ihrem Rücken Sitzenden, besonders über den Hals sehr empfindsam. Der leichte Trab bereitet besondere Freude und sogar eine Idee weniger Anstrengung. Und das Tollste ist, dass meine Probleme beim aussitzenden Trab mit der Stute deutlich geringer sind. Oder bilde ich mir das nur ein? Das gute Gefühl bleibt die ganze Stunde über erhalten. »Nächste Stunde wieder die Stute«, ist das Fazit des ebenfalls zufrieden und gleichzeitig lobend tönenden Reitlehrers.

Diesmal führe ich sie zur Halle. Ich genieße kurz den warmen Sonnentag. Zu meinem Erstaunen geht es am Hallentor vorbei auf den Springplatz, denn in der Halle wird das Geläuf gewässert, wie ich im Nachhinein höre und sehe.

Christian sieht für diese Außergewöhnlichkeit zunächst keinerlei Erklärungsbedarf. Ich ahne aber, dass er meine Freude spürt, habe ich ihn doch mehr als genug mit meinen Wünschen nach Reiten unter freiem Himmel genervt. Erst als ich auf dem Pferd sitze und die ersten Longenrunden drehe und genieße, wird er gesprächig, indem er mich auffordert, besonders aufmerksam zu sein. Hier draußen sei vieles anders als in der Halle. Und wie bestellt, nähert sich rasch ein Hubschrauber im Tiefflug in Richtung der nahe gelegenen Autobahn. Ich sitze hochkonzentriert in Erwartung aller denkbaren und undenkbaren Möglichkeiten. Aber nichts geschieht. Herrliches Gefühl der Erleichterung. Diese Stunde klingt in gelöster Stimmung aus. Nichts kann mich heute mehr erschüttern.

Die dritte direkte reiterliche Begegnung mit Adria geschieht wenige Wochen später schon ohne Longe. Christian hat wegen Terminüberschneidungen eine andere junge Dame mit Kingston in der Mitte der Halle unter seiner Fuchtel und ich darf rund ums Karree frei reiten. Das Tier geht gehorsam im Schritt. Ich habe keine Mühe und genieße meine freien Entscheidungsmöglichkeiten, rechter oder linker Hand gehen zu können, durch die ganze Bahn zu wechseln und vor allem die drei Gangarten nach Belieben zu wechseln. Der leichte Trab gelingt auch problemlos. Ich nehme allen Mut zusammen und galoppiere an. Immer noch dieser verdammte Griff der rechten Hand zum SOS-Riemen, dadurch keine optimale Zügelkontrolle mit dem Ergebnis, beim alsbaldigen Durchparieren einseitig in eine Linkswendung zu kommen, statt zum Schritt geradeaus. Der Blick zum Meister lässt keinerlei Reaktion erkennen. Scheint mit seiner Longendame zu tun zu haben. Gut so. Ich gehe aus den Bügeln und schlage sie über, um meine Beine extrem lang zu machen und mich etwas zu entspannen. Das tut gut. Ich probiere kurz Trab, beende aber schnell. Fühle mich zu unsicher. An Galopp gar nicht zu denken. Wahrscheinlich fehlt die führende und beruhigende Hand des Lehrers mit der Longe. Ebenda ertönt des Rittmeisters Stimme fragend, ob das schon alles gewesen sei, ohne Bügel. Ich rede mich irgendwie heraus aus dieser unbefriedigenden Phase und nehme mir dafür noch eine kurze Galopprunde mit Bügel vor. Sie gelingt ein klein wenig besser als die erste, aber keinesfalls befriedigend. Weiter geht es mit einfachen Wechseln und Runden des intensiven Sitzens und Genießens dieser merkwürdigen Bewegung des Pferderückens in drei Ebenen. Plötzlich erschreckt mich erneut Christians Stimme mit der Frage, wieso ich schon wieder nichts tue, und der erste Galoppversuch sei auch nicht so toll gewesen. Ich verfluche kurz innerlich seine unsichtbare Wahrnehmung der gesamten Umgebung und kehre gleich darauf zu meinen positiven Erfahrungen des Sich-frei-in-der-Halle-Bewegens zurück. Also erteile ich meiner braven Adria zuhauf Aufträge zu rasch folgenden Richtungs- und Gangartwechseln.

Dabei erinnere ich mich an zwei oder drei sonderbare Augenblicke in ähnlicher Situation mit Kingston: Frei in der Halle reitend bereite ich mich gedanklich auf einen Gangartwechsel vor und just in dem Moment, wo ich am vorher festgelegten Punkt der Halle die Hilfen zum Angaloppieren geben will, geht der Wallach schon von selbst in den Galopp. Er scheint mein Vorhaben geahnt zu haben. Wahrscheinlicher ist, dass ich bereits beim Vorbereiten irgendwie unbewusst körperlich reagiert hatte und das fürs Pferd genügte. Oder gibt es doch so etwas wie Gedankenübertragung? Christian ist davon überzeugt. Jetzt verstehe ich auch, wieso er mich manchmal bei Tempo- oder Gangartwechsel fragte, ob ich das wollte oder das Pferd.

Kräftemäßig ziemlich am Ende steige ich nach einer vollen Stunde von meiner Stute, führe sie lobend in die Stallbox und schmuse mit meiner Freundin so intensiv, wie es die Dame zulässt und Kingston nie zulassen würde. Ob es wohl daran liegt, dass es eine »Dame« ist?

VI.

Altbekannte Düfte

Beim Betreten des Stalles steigt mir diesmal ein kräftiger, irgendwie entfernt bekannter, aber nicht genau definierbarer Geruch in die Nase. Dann höre ich Hammerschläge auf Eisen und es dämmert mir: Der Hufschmied ist da. Plötzlich bin ich wieder ein fünfjähriger Knirps und sehe mich neugierig am großen Schiebetor der Schmiede auf dem Nachbarhof stehen. Das hitzespeiende Schmiedefeuer unterm Blasebalg, die vielen Hämmer, Zangen, Ketten, ein oder zwei einfache Maschinen und zwei metallblanke Ambosse in der Mitte des Raumes sind wieder gegenwärtig. Manchmal stand ein Pferd im Eingangstor. Der Schmied und der Pferde besitzende Bauer hatten alle Hände voll zu tun, es ruhig zu halten, die Beine anzuheben, alte Eisen zu entfernen und neue aufzubringen. Das Zischen und der Geruch nach verbranntem Horn sind es, was ich so altvertraut wieder entdecke.

Um die Ecke herum im Stall steht ein Pferd beidseitig angebunden mitten im Gang. Der Schmied hantiert am nahe stehenden Transporter vor der Halle, seiner mobilen Werkstatt, daneben brennt ein unromantisches Feuerchen aus einer Gasflasche. Beinahe so fasziniert wie damals stehe ich wie angewurzelt und staune. Nach einer ganzen Weile unentwegten Arbeitens fragt der Schmied mit listigem Unterton, ob ich auch mal aufhalten wolle. Bei meinem Kingston würde ich es schon mal probieren, erwidere ich. Er sei aber erst in vierzehn Tagen zum Beschlagen dran, kommt sofort als Antwort. Ich bekunde nochmals mein ernsthaftes Interesse, mich als sein Gehilfe zu betätigen, und wir vereinbaren das Vorhaben. Beim Verabschieden und Weggehen fühle ich noch immer den Zweifel des jungen, kräftigen Hufschmieds, ob ich zu meinen Worten stehen würde.

Natürlich trete ich zum verabredeten Zeitpunkt an. Selbst Christian ist positiv überrascht und ulkt ob meines Vorhabens: »Oh, mal sehen, was morgen dein Rücken meldet.« Der Hufschmied schickt seinen jungen Gehilfen beiseite und ich nehme dessen Platz ein. Dieser jugendliche Pferdefreund steht ab jetzt grinsend und erwartungsvoll in Sichtweite. Der Meister leitet mich verständnisvoll genau zu jedem Handgriff an und ich schufte wie selten zuvor. Nicht jeder meiner Handgriffe findet Gegenliebe beim Tier. Geduld, einige beruhigende Worte und Lob führen manchmal erst nach mehreren Wiederholungsversuchen zum Ziel. Gewaltanwendung sei völlig ausgeschlossen, meint der Schmied. Es sei töricht, den Kampf mit dem Tier aufnehmen zu wollen. Das war mir sofort klar. Die von mir nicht zu bändigende Kraft des Pferdes habe ich ja schon einige Male zu spüren bekommen. Die kurzen Pausen zwischen dem Aufhalten der Beine und den einzelnen Arbeitsgängen des Entfernens, Beschneidens, Anpassens und Befestigens der Eisen nutze ich zum Aufrichten meines lahmen Kreuzes und um etwas frische Luft zu atmen nach den kurzen, aber kräftigen »Rauchvergiftungen« beim Aufbrennen der Hufeisen. Das diesbezügliche Hüsteln meinerseits wird vom Schmied streng mit den Worten zurückgewiesen, dass der Einzige, der hier derartige Reaktionen zeigen dürfe, er selbst sei. Eine der ohnehin kurzen Pausen fällt ganz aus, weil Kingston geäpfelt hat und ich mit Schaufel und Besen wieder für saubere Arbeitsbedingungen sorgen muss – so die Anweisung des an der Seite stehenden und sich weiterhin amüsierenden arbeitslosen Gehilfen. Am Ende kreuzlahm und mit klatschnassem Hemd ernte ich doch ein anerkennendes Wort des Hufschmiedes und halte stolz die alten Eisen meines Kingston in den Händen. Sie hängen seit jenem Tag in meiner Garage über dem Tor und bringen Glück.

VII.
Wegsuche

Ein reichliches halbes Jahr nach den Anfängen. Ein sonniger Maitag und die Aussicht auf den ersten großen Ausritt treiben mich früh am Morgen aus den Federn ins Freie. Ute begann wenige Monate nach Beginn des Reitkurses ihr Studium der Leipziger Universität und war folglich nur selten zu Hause und somit auch nur wenige Stunden auf dem Pferd. Ich wollte die Zeit umso ehrgeiziger nutzen, sodass unser Wunsch nach gemeinsamen freien Ausritten vielleicht doch Wirklichkeit werden könnte. Und ich alter Knabe hatte auch bedeutend mehr Lehrstunden nötig.

Per Fahrrad geht es gleich hinterm Heimatort gen Westen in Richtung Reitsportzentrum, um einen günstigen Feldweg für Pferd und Reiter zu erkunden. Unser erster gemeinsamer Ausritt ist seit einiger Zeit spruchreif und Christian gab vor ein paar Tagen auf meine mehrfach drängenden Fragen, wohin die Reise gehen könnte, plötzlich ohne Zögern die Antwort: »Nach Kleinrettbach – und stell schon mal den Sekt kalt.« Ich sah wieder einmal in seine unwahrscheinlich blauen Augen und das verborgen lächelnde, hagere Gesicht. Über mein Antlitz huschte ein breitgezogenes »toll« und ein befreiender, nicht genauer beschreibbarer Urlaut entwischte meiner Kehle.

Während ich so erwartungsvoll dahinradele, das Heimatdörfchen im Rücken, den buckeligen Feldweg unter und vor mir, sorgen das riesengroße Rapsfeld linker Hand und das Getreidefeld gegenüber für meine beschwingt-fröhliche Stimmung. Die bereits mild wärmende Morgensonne und eine ganz leichte Brise von hinten, das leuchtende Gelb und der kräftige Geruch neben mir, die trällernden Lerchen am blauen Himmel hoch oben – jetzt noch statt des klappernden Drahtesels den geschmeidig gehenden Kingston oder sogar die neue Stute unterm Hintern, das könnte vielleicht das angestrebte vollendete Glücksgefühl sein. Dem Sekt im Kühlschrank gebe ich nur noch wenige Tage. Ich träume von der Erfüllung eines Herzenswunsches – nach reichlich sieben Monaten langen, diszipliniert und geduldig herausgeschwitzten Vorbereitungslektionen in der tristen Reithalle – im freien Gelände auf dem Pferderücken in Schritt, Trab und Galopp die Welt zu erobern.

Mir gehen die vom Reitlehrer vorsorglich gegebenen Hinweise betreffs Reitens im Gelände durch den Kopf: genau auf den Weg und überhaupt auf alles um dich herum achten, das Pferd so führen, wie du auch laufen würdest. Wird mir das gelingen? Werde ich das große, anmutige Tier im Zaum halten können oder wird es mir zeigen, dass es der Stärkere ist, und deshalb gnadenlos bestimmen, wohin und in welcher Geschwindigkeit wir uns bewegen? Um wie viel intensiver ein Pferd optische und akustische Eindrücke als ein Mensch wahrnimmt und dementsprechend mit artgerechtem Verhalten – sprich Flucht bei Gefahr – reagiert, habe ich gehört und gelesen. Aber wie wird die Praxis mit Kingston in der weiten, freien Landschaft konkret aussehen?

Ich mache mir Mut, indem ich auf das Gelernte und die Mühen des Reitlehrers, seinen ernsthaften, lang andauernden und gewissenhaften Unterricht setze. Ich kann mir keinen verantwortungsbewussteren Lehrer gegenüber Reiter und Pferd vorstellen.

Da hocken zwei Hasen mitten auf dem Weg und haben mich noch nicht gewittert. Sofort denke ich: Kingston hätte sie wohl sehr viel eher gehört und wohl auch gesehen. Wie hätte er reagiert? Wäre er zur Seite gesprungen und ich müsste ihn wieder einfangen? Hätte ich die Knie richtig dran gehabt, um sicher zu sitzen? Oder läge ich jetzt im Dreck, vielleicht mit gebrochenen Knochen? Seine Schreckhaftigkeit hat mich schon oft zunächst in Angst versetzt und später auch gleichzeitig amüsiert. So ein kraftstrotzender Riese und erschrickt sich bei jedem Spatz unterm Hallendach und bei jedem Windgeräusch fast zu Tode. Und das Hallentor erst. Bei jedem Vorbeiritt schaue ich rechtzeitig auf seine sich ständig bewegenden und somit aussagekräftigen Ohren, nehme mein Herz und die Zügel fester in die Hand und bin froh, unbeschadet vorbei zu sein. Einmal gab es in der rechten Ecke vorm Tor einen minutenlangen Kampf zwischen uns beiden. Es war einer meiner ersten Freiritte in der Halle. Ich trieb gleichmäßig den ohnehin etwas träge wirkenden Wallach im Schritt. Plötzlich kein Weiterkommen. Der Kerl stand einfach wie angewurzelt. »Linker Zügel und tritt ihn in den Bauch«, schrie es aus dem vorderen Hallenteil. Nichts tat sich. »Noch mehr, tritt zu und zieh kräftiger am Zügel«, forderte Christian energisch. Der Hals meines Gegners bog sich zwar, aber die Beine des Pferdes standen fest und still. »Weiter, oder muss ich erst mit der Peitsche kommen«, drohte der plötzlich zornig werdende Lehrer. Ich schuftete, soviel ich konnte, und hatte Angst, dem störrischen Esel den Hals umzudrehen. »Fester, du wirst doch wohl ...«, hallte es wieder hinter mir. Ich hatte das Gefühl, mich als der Stärkere beweisen zu müssen, und ließ nicht nach. Ganz langsam sammelte ich Punkt für Punkt und gewann letztendlich die Oberhand. Ungern, aber gehorsam ging Kingston langsam am Tor vorbei und bei der nächsten Runde ebenfalls. Diesen wichtigen Sieg würde Kingston wahrscheinlich genauso wenig wie ich vergessen. Hinterher lobte mich Christian und erklärte mir auch die weitreichende Wichtigkeit meines Erfolges, denn wenn ein Pferd merkt, dass es machen kann, was es will, macht es dies immer wieder und immer öfter, vielleicht auch mit dem nach mir reitenden Kind. Und das kann verheerende Folgen haben. Seitdem packe ich notfalls rechtzeitig stark zu und zeige dem Trotzkerl, wer der Chef ist.

»Wie soll das aber erst im Gelände aussehen?«, dachte ich damals. Die beruhigenden Erklärungen des Reitlehrers, Kingston sei ein guter Geländegänger, da er dort ja alles besser sehe und auch aus Erfahrung kenne, nahm ich schon mehrmals, jedoch immer mit Skepsis zur Kenntnis.

Schon bin ich – vorerst noch mit dem Fahrrad – an einem Querweg und entscheide mich für rechts in der Hoffnung, dann nochmals links durch die riesigen Felder meinem Ziel näher zu kommen. Das gelingt auch ohne Schwierigkeiten. Der Kilometerzähler an der Lenkstange zeigt am Ziel runde fünf Kilometer. Jedoch ist mein Hinterteil weit mehr strapaziert als nach einer Reitstunde in der Halle.

Am Stall angekommen, finde ich die Boxen meiner beiden Lieblinge leer. Auch die drei anderen Schulpferde sind nicht zu Hause. Draußen in der Koppel – das ist mein nächster Gedanke. Hinterm Stall jedoch ist nichts zu sehen. Mit Hinweisen einer im Stall beschäftigten Kollegin von Christian finde ich alle fünf Tiere hinter einem Hügel nahe an der Straße. Ich versuche zu identifizieren, wer wer ist. Mein erstes Ansinnen dient der Stute, aber es ist bei genauerem Hinsehen Kingston. Beide Trakehner sind sich auf den ersten Blick und oberflächlich betrachtet ähnlich: groß gebaute und somit Respekt einflößende Tiere, ähnliche Fellfärbung. Inzwischen weiß ich sie gut zu unterscheiden. Bei einem zweiten und vergleichenden Blick auf Kopfgröße, Farbnuancen, Fellbeschaffenheit, Schweif, Hinterteilform, Fesseln wird klar: Es ist Kingston.

Meine beiden stehen und gehen je mit einem anderen deutlich zu unterscheidenden Schulpferd zusammen. Es sind die Boxennachbarn. Pferdefreundschaften.

Ich gehe nacheinander zu den beiden Paaren, um sie mit freundlich gemeinten Klapsen auf den Hals und einem Leckerli in Form von Traubenzucker zu begrüßen. Sie schenken mir wenig Beachtung, haben wohl Wichtigeres und Angenehmeres zu tun. Also setze ich mich etwas abseits ins sonnenbeschienene frische Gras und schaue ganz einfach zu, wie die Grazien fressen, umherlaufen, auch mal kurz galoppieren und sich dabei necken, sich im Sand in der Mitte der Koppel wälzen, aufmerksam gucken und all das immer wieder – bis auf das einmalige Wälzen von Kingston und Nemo.

Dieses Schauen unter der morgendlichen Sonne versetzt mich in ein so wohliges Gefühl, wie ich es sehr selten angesichts besonders reizvoller Landschaften oder Naturgebilde erlebt habe. Einfach nur ziellos und zwecklos schauen, nichts anderes im Kopf mit sich herumtragen, sich leermachen, alles um sich herum vergessen. Raum und Zeit sind aufgehoben oder angehalten. Äußerlich und innerlich warmes Sonnenlicht. Leicht, ruhig, zufrieden, gut, echt gut fühle ich mich. Einzige Verbindung zur Welt – die Tiere. Bei deren Beobachtung verschmelzen scheinbare Gegensätze wie Spontaneität und Beständigkeit, Dynamik und Ruhe, Kraft und Eleganz zur Einheit. Überhaupt stellt sich ein Gefühl von Gleichzeitigkeit und Einheit allen Seins bei mir ein ... Aber das ist nicht adäquat in Worte zu fassen ...

VIII.
Der erste Geländeritt

Und dann – vierzehn lange Tage später – ist es so weit. Obwohl er sich bei der Arbeit im Stall eine schmerzhafte Rippenprellung zugezogen hat, erteilt der mal robust und mal feinfühlig wirkende Rittmeister heute den Befehl: »Sattle Kingston, ich nehme die Stute, wir reiten aus.« Meinem Freudenschrei entgegnet er, ich wisse doch noch gar nicht, wohin. Ich versuche die Unwichtigkeit des Wohin mit einem einfachen »ganz egal, nur raus ins Freie bei diesem Wetter« zu erklären und verschwinde im Stall. Natürlich ist mein erster Gedanke: zur gekühlten Sektflasche nach Hause. Doch gleich darauf stellen sich Zweifel ob der abendlichen, späten Stunde und der mir nun hinreichend bekannten Vorsicht des Reitlehrers ein. Der erste Ausritt wird bestimmt kürzer sein und auf einer gewohnten Strecke vorm Hof verlaufen, vermute ich. Das Putzen geht diesmal viel schneller, Zaumzeug und Sattel fliegen aufs Pferd. Mein Hemd ist schon durchgeschwitzt. Beim Gurten vertue ich mich. Ausgerechnet in diesem Moment kommt der Reitlehrer. Ich bitte zaghaft und etwas außer Atem um Hilfe. Er bemerkt meine Nervosität sofort und hilft diesmal ohne die gewohnten drastischen Worte. Gleich vor dem Stall aufsitzen und losreiten lautet die Anweisung, er komme gleich nach. Sofort meine Frage, wohin. »Zum Misthaufen«, kommt mürrisch die Antwort. Ich gebe die Hilfen und es klappt. Da ertönt hinter mir unverhofft eine weibliche Stimme, mit der Aufforderung zu warten. Das irritiert mich, denn der wohl gut gemeinte Hinweis der Kollegin des Reitlehrers steht der

Aufforderung meines Begleiters entgegen. Ich sage das und ärgere mich ein wenig darüber, dass die Dame sich einmischt. Kurz darauf sind Christian und ich nebeneinander auf der vorgezeichneten Spur neben einem noch niedrig bewachsenen Getreidefeld. Auf der anderen Seite ist Grasland. Diese Spur ist eine etwa drei bis vier Meter breite, mit landwirtschaftlichen Maschinen gepflegte Reitbahn für die im Reitsportzentrum beheimateten Galopper-Rennsportpferde. Unser abgestimmtes Vorwärtskommen nach Reiterwillen im ruhigen Schritt gelingt erstaunlich gut, ganz ohne Griff zum Angstriemen. Jetzt bin ich der glücklichste Mensch der Welt und habe gar keine Zeit dafür, Angst zu bekommen. Christian verwickelt mich gleich in ein Geplauder über seine ersten Reiterfahrungen auf Sylt. Ich höre nur mit einem Ohr zu, fühle mich wie Gott in Frankreich, sonst gar nichts. Meine Blicke fangen für einen kurzen Moment den Himmel mit den unzähligen interessanten Wolkenbildungen ein. Ich habe Kingston leicht, aber spürbar am Zügel und treibe mäßig im Schritt. Er geht fleißig und brav. Ich habe keine große Mühe und somit Zeit zu genießen. Ich leiste mir den Luxus, auf die zwitschernden Vögel zu hören und mir den vor uns liegenden bewaldeten Seeberg mit den bunt zusammengewürfelten Häusern des Ortes an seinem Fuß anzuschauen. Die wenigen Büsche und Bäume am Wegesrand und in der Ferne wirken wie farb- und formenreiche Tupfer in der Landschaft. Im entspannten Wiegeschritt sauge ich das alles in mich ein und möchte den Moment festhalten. Jetzt gibt es glücklicherweise auch Redepausen. Christian hat wohl meine Faszination bemerkt und hält Ablenkungsmanöver nicht mehr für nötig. Aus meinem Munde purzeln dann wieder mal Gedanken über landschaftliche Schönheiten, die klare Luft, den frischen Wind. »Siehst du da hinten die einzelne große Kastanie mitten im Feld? Wie alt mag die wohl sein? Warum hat man sie stehen gelassen? Muss sie nicht einsam sein?« Und dann erinnert mich Kingston gleich wieder ans Reiten. Er wird nämlich ganz allmählich schneller. Ich spüre, dass er vorwärts will. Nach einer kurzen Versuchung, um Traberlaubnis zu bitten, lehne ich mich aber zurück und nehme die Zügel etwas straffer. Sofort reagiert mein Vierbeiner und ich komme wieder mit meinem Nachbarn auf gleiche Höhe. Entspannt und fleißig geht der sonst in der Halle eher müde und träge wirkende Wallach fast ohne Treibhilfen. Ich kündige meinem Begleiter an, mal das Stehenbleiben üben zu wollen, und fast gleichzeitig parieren wir durch zum Stand, nur mit dem Unterschied, dass mein Nachbar sofort steht und ich drei Schritte weiter vorn lande. Trotz des triumphierend himmelblau lächelnden Blickes Christians war das für mich eine gelungene Aktion, ich bin's zufrieden und zuversichtlich, das Tier auch bald wie er zum Stehen bringen zu können. Mit dem Reitlehrer messe ich mich einfach noch nicht. Dessen mehr als vier Jahrzehnte Reiterfahrung und Pferdekenntnis kann und muss ich nicht ausgleichen.

Christian erzählt mir beim Vorbeiritt an einem Schafspferch, wie er einmal mit seinem Pferd vor zwei unverhofft auf der Weide stehenden Schafen stand. Unfreiwillig. Der blöde Bock schien lieber Wurzeln schlagen zu wollen, als sich vorwärts zu bewegen, erklärt er trocken. Er musste kehrt machen und um die gesamte Weide im großen Bogen herumreiten. Wir amüsieren uns köstlich und es tut mir gut, so etwas von einem »Vollprofi« zu erfahren.

Ich versuche sehr bewusst, das richtige Verhältnis von Aufmerksamkeit und Entspannung zu finden. Da ertönt vom Nachbarn das bereits aus der Halle vertraute »So, nun lass uns mal antraben«. Und siehe da, es gelingt mühelos und ohne Angstriemen. Wir traben einfach durch die schöne Natur. Kingston schmeißt mich hoch, runter komme ich von alleine – und das immer wieder. Meine Hände brauche ich zur behutsamen Zügelführung, schließlich muss ich ja auf den Weg achten. Riemen ade, das war's!

Die nur langsam zunehmenden, aber immer deutlicher werdenden Schmerzen in meinem rechten Knöchel, die mich schon ein halbes Jahr mal mehr und mal weniger plagen, werden vom unbeschreiblichen Genuss und Glücksgefühl überlagert. Jetzt wäre wohl so jeder Schmerz aushaltbar. Wieder ergreift mich dieses Hochgefühl des gut funktionierenden Zusammenwirkens von Mensch und Tier, eingebettet in eine ebenso dazugehörende Landschaft. Harmonie zu dritt. Ich stelle mir vor, wie mein Rumpf über das Gesäß in die Mittelhand des Pferdes übergeht und meine zwei Beine in dessen vier Beine und diese wiederum mit der Erde korrespondieren und in ihr wurzeln beziehungsweise sich auf ihr bewegen. Ein irres Gefühl! Wie mag das erst beim Galopp über die Felder sein, wenn sich kurzzeitig alle vier Pferdebeine in der Luft befinden (wie ich in einem schlauen Buch gelesen habe)?

Schon sind wieder die Hallen des Reitzentrums in der Ferne zu sehen. Die Realität holt mich ein. Da plötzlich und unerwartet ein Stolperer von Kingston. Knie ran, Zügel fester. Beruhigende Stimme. Schon vorbei. Zwei Wildenten flattern aus dem nahen Gebüsch rechts am Weg auf. Es war also kein einfacher Stolperer, sondern eine Schreckreaktion, weit bevor ich ihren Grund erkennen konnte. Ich bin nahe dran, mein ehrgeiziges und vor Langem in der Reithalle aus der Erfahrung vieler Reitstunden heraus gefasstes Vorhaben aufzugeben, mich durch besonders sensible Aufmerksamkeit von Ereignissen aus der nahen und fernen Umgebung nicht mehr überraschen zu lassen. Ich wollte damals eher und besser wahrnehmen als das Pferd. Jetzt will ich nur noch aufmerksam bleiben und mich möglichst angemessen verhalten und reagieren, solange ich nicht in ernsthafter Gefahr bin.

Warum übrigens soll das Tier nicht auch mal eigenständig agieren dürfen? Hat es nicht das Recht, seine angeborenen Instinkte frei auszuleben? Doch wo sind die Grenzen? Eines steht fest: Die Wahrnehmungsfähigkeit des Pferdes ist für mich unübertrefflich. Den schmalen Pfad zwischen meiner berechtigten Forderung nach Gehorsam einerseits und der Respektierung des Eigenwillens und des angeborenen Triebes des Pferdes andererseits will ich immer wieder neu suchen und für mich finden.

Vorm Stall angekommen – viel zu schnell – bereitet das Absitzen keinerlei Schwierigkeiten und der Schweiß ist auch nicht in Strömen wie in so mancher Longenstunde geflossen. Jedoch ist das Gesamtgefühl einmalig und unvergleichbar. Ich bin ein Stück größer, stärker, reicher. Auf die Frage der Chefin im Büro des Reitsportzentrums, wie es war, finde ich nicht die adäquaten Worte, allgemeine Floskeln will ich nicht vorbringen. Sieht sie mir es denn nicht an? Auch Christian fragt noch mal nach, ob es mir jetzt ein wenig besser ums Herz zumute sei. Diese Frage kommt meinem Zustand schon näher. Trotzdem befürchte ich, auch ihm keine ausreichende Antwort gegeben zu haben. Aber vielleicht braucht er auch keine.

Heimwärts im Auto platzt das unheimliche Hochgefühl aus mir heraus, indem ich laut unartikuliert trällere und Schlängellinien fahre.

IX.
Schwerstarbeit

Wie üblich komme ich eine halbe Stunde vor dem Termin zum Reiten. Christian erteilt zunächst kurz und bündig den Auftrag, die Stute zu putzen und zu satteln. Es soll wieder ins Gelände gehen. Er hat noch eine Longenstunde mit Kingston, den ich dann übernehmen soll. Er wird die Stute reiten. Schade. Als ich in den Stall komme, ist die andere Angestellte des Hofes schon dabei, Adria, die Stute, zu satteln. Plötzlich höre ich Christians Stimme im Stall, der doch in der Halle sein müsste. Beiläufig ruft er mir zu, ich müsse wohl Fenomen – ein anderes Schulpferd – nehmen, Kingston lahme. Eilig wechselt Christian die Pferde und geht wieder in die Halle. Was soll ich nun davon halten? Noch nie habe ich Fenomen geritten. Unsicherheit und

Zweifel wachsen in mir. Ich versuche, es als eine Herausforderung zu sehen, und gehe in die Halle, um ihn mir anzusehen. Ich erinnere mich dabei an meine Tochter, die in einer ihrer ersten Stunden recht gut mit ihm zurechtkam. Was die kann, muss ich auch können. Mich packt der Ehrgeiz. Der dunkle und um etliches kleinere Wallach geht soeben an der Longe, ruhig und gehorsam. Das hebt auch Christian mir gegenüber hervor, als er mich am Hallentor sieht. Wenige Minuten später übernehme ich auf Geheiß das Tier noch in der Halle, stelle meine Bügellänge ein und sitze auf. Gehorsam geht Fenomen mit meinen Hilfen aus der Halle auf den Hof. Ich muss noch auf die anderen drei Abteilungsreiter und Christian warten. Das Pferd wird allmählich unruhig und schlenkert den Kopf in zunehmendem Maße nach links, nach rechts, nach unten. Mir wird unwohl. Ich kann ihn kaum auf der Stelle halten. Keine Sekunde steht er völlig still. Endlich geht es los. Ich hoffe auf Besserung. Mein Pferd wird aber nicht ruhiger, ich habe alle Hände voll zu tun, die ruckartigen Kopfbewegungen des »störrischen Esels« abzufangen. Ein strenges Entgegenwirken habe ich bereits aufgegeben, das macht ihn nur noch aggressiver. Nach ein paar Minuten nehme ich die insgesamt eigenartige Stimmung des Tages bewusst wahr. Nichts von der gewohnten Frische, dem Elan und der Lust von Reitern und Pferden. Es ist drückend schwül, finstere Wolken drohen vom Himmel und vor allem viele, viele kleine Fliegen plagen die Tiere und zunehmend auch mich und meine vier Mitreiter. Alle Teilnehmer der Abteilung sind unzufrieden mit ihren Tieren.

Christian reitet wie immer gelassen voraus. Ich mache meinem Unmut Luft und frage ihn, was ich mit dem Gaul machen soll. Treiben und ihm freie Zügel lassen, ist sein spärlicher Rat, dessen versuchte Umsetzung überhaupt nichts bringt. Ich bemerke, dass selbst die Stute unter ihm nicht so brav und ruhig läuft wie gewohnt. Nach einer längeren Schrittstrecke als sonst kommt die Aufforderung zum leichten Trab. Beim letzten Male noch wohlwollend erwartet, krampft sich diesmal bei mir einiges zusammen. Ich schaukele und schleudere wie ein Halbbetrunkener dahin, gerade noch das Tier mit weit vorab gebeugtem Kopf beherrschend. Eine der tausend kleinen Fliegen landet genau in meinem Mund. Ich spucke und schimpfe. Hinter mir ebenfalls Töne des Unmuts. Plötzlich kommt das an letzter Stelle gehende Pony mit der kleinen Franziska nach vorn geprescht und allgemeine Hektik bricht aus. Alle leisten Schwerstarbeit, um in der Reihe zu bleiben. Christian an der Spitze tänzelt mit seiner großen Stute leicht quer im Weg und fordert mit beruhigenden Tönen zum Durchparieren zum Schritt auf. Auch das Pony kommt circa 30 Meter vor uns allen wieder zum Stehen. Das Mädchen lässt die Mundwinkel weit nach unten hängen und reiht sich wieder hinten ein. Ich bin froh, diese Einlage so halbwegs überstanden zu haben. Allgemeines Geschimpfe über die lästigen Fliegen und störrischen Pferde höre ich weit hinter mir. Beim Umdrehen merke ich erst den größeren Abstand zu den beiden letzten Reitern. Jetzt drängt auch Christian zum Aufschließen.

Später dann wie erwartet der zweite Trabversuch. Fenomen möchte aber lieber galoppieren. Will bestimmt etwas schneller nach Hause, bei dem Mistwetter. Ich merke es zwar sofort und versuche mit all meinen bescheidenen Fähigkeiten, dagegenzuhalten, aber als das Pony wiederum von hinten rechts vorbeigeschossen kommt, ist auch mein Pferd dabei. Sofort steht Christian vor mir wieder quer und die Breitseite der mächtigen Stute scheint Fenomen wirksamer zu bremsen als alle meine Hilfen. »Danke, Christian« – entfährt es mir leise. Ein trockenes »Dazu bin ich ja schließlich da« kommt als Entgegnung. Und weiter geht's bei ihm, als wäre nichts gewesen. Doch auch er mäkelt ab und an mit seiner Stute und muß mehrmals kräftiger als sonst zufassen. Das tut er in aller Ruhe und Gelassenheit sowie mit viel Gespür für das richtige Maß. Das Ergebnis: Er erreicht mit scheinbarer Leichtigkeit jedes Mal sein Ziel. Ich dagegen kämpfe weiter. Hinter mir wird ebenso harte Arbeit geleistet.

Wieder am Hofe angekommen, bin ich erstmals darüber froh. Alle vorherigen Geländeritte endeten bei mir mit dem Wunsch, noch eine Runde zu absolvieren, diesmal nicht.

Am Tresen in der Gaststätte sitzt Christian schon beim Abendessen, als ich aus dem Stall komme. Ich war natürlich noch mal bei meinem King. Mein Klopfen auf Hals und Hintern war diesmal besonders intensiv. Ob er es merkte? Wie immer ließ er sich mein Leckerli sichtbar schmecken und forderte mehr.

Die Chefin fragt mich beim Eintreten, wie es war. Ich deute meine Schwierigkeiten an. Christian sitzt auf hohem Stuhle am Tresen über den Teller gebeugt und verzieht keine Miene. Erst als er aufgegessen hat und wir immer noch von den Umständen heute sprechen, lässt er sich ein leises »bisschen hippelig heute gewesen« entlocken und verschwindet mit der allabendlich mitgeführten Ketchup-Flasche in der Hand durch die offene Tür in Richtung seiner Wohnung im Nachbargebäude.

X.
Resümee und Ausblick

Ich denke zurück: Vor ziemlich genau einem Jahr starteten meine Tochter und ich unsere Reitoffensive. Bei jedem Sehen und Telefonat haben wir übers Reiten gesprochen und sie hat mich durch den Gedankenaustausch bestärkt, das ihr schon bekannte und bei mir »Grauschimmel« in Ansätzen geahnte Gefühl hoch zu Ross immer besser auszuprägen. Spät, aber nicht zu spät ist mir das wohl auch ansatzweise gelungen, denn ich kann jetzt kaum mehr davon ablassen.

In den letzten Semesterferien, als die Studentin längere Zeit zu Hause war, habe ich in Erfahrung gebracht, dass man auch in Mühlberg reiten kann. Ein erster Geländeritt zu dritt – wir beide und der Reitlehrer dort – ist schnell arrangiert. Dabei findet unsere Erwartung Bestätigung: Mühlberg bietet den Vorteil, querfeldein durch das herrliche Drei-Burgen-Land stromern zu können. Die Pferde sind rassebedingt etwas leichter handhabbar und sie sind diese Geländegänge gewöhnt, sodass seitens des Leiters des Hofes keine Bedenken bestehen, nach zwei bis drei Ritten in seiner Begleitung auch alleine ausreiten zu dürfen. Das wäre, nein, das ist die Erfüllung eines Wunschtraumes. Er gipfelt alsbald in einem Sonntagsritt auf die Wachsenburg. Vorläufig. Denn als wenige Wochen später ein Ritt mehr oder weniger unfreiwillig bei Donner, Blitz und Regen endet, genießen wir beiden »Buschreiter« diese Erscheinungen bei flottem Kopf-an-Kopf-Galopp in vollen Zügen: Der Wind peitscht den Regen ins Gesicht. Die schnellen Bewegungen des Pferdes nicht nur mitmachen, sondern aktiv herausfordern, um einen halben Kopf vor dem schnaufenden Nachbarn zu sein. Donner und Blitz lassen das Hören und Sehen nicht vergehen, sondern verstärkt erleben. Einmalig? Unvergesslich!

So strebe ich auch in Zukunft wohl immer wieder nach derartigen Erlebnissen und Erfahrungen zu Pferde. Wie sagte doch einmal Christian? »Beim Reiten lernt man nie aus, selbst ich nicht nach über vierzig Jahren Reiterfahrung.« Und: Wenn man einmal richtig »Blut geleckt« hat, lässt man nicht wieder davon ab.

Natürlich bin ich auch noch oft in Grabsleben. Wie ein Magnet ziehen mich immer noch mein Kingston und auch die Stute Adria an. Irgendwie ergänzen sich beide Reitorte und bereichern meine Erfahrungswelt jetzt nochmals. Hier die hochsensiblen Sportpferde und der zum guten Bekannten gewordene Reitlehrer Christian mit den hohen Anforderungen in seiner professionellen Ausbildung, ein Unikat, dort das traumhafte Gelände und die freie Entfaltungsmöglichkeit. Es macht mir nichts aus, dazu zwei Orte aufsuchen zu müssen. Alles ist selten idealerweise beieinander. Das habe ich schon in ganz anderen Zusammenhängen lernen müssen. Schließlich bin ich ja ein **alter** Jungreiter.

Und ich schaue voraus: Ich sehe einen »grauhaarigen Alten«, der sich in unregelmäßigen Abständen in Pferdeställen rumdrückt, mit dem einen und anderen Tier spricht und ein oder zwei Tiere intensiver liebkost, striegelt, hin und wieder sattelt und hinausreitet, mal allein, mal mit der Tochter, mal mit Freunden. Vielleicht sogar eines Tages mit der Ehefrau, die gerade dabei ist, sich nach vielen Begleitgängen durch den Stall und die Reithalle vom Pferdeduft »infizieren« zu lassen, und ebenso wie ich vor einem Jahr jetzt auf den Pferderücken klettert.

Und ich komme nach ein, zwei oder drei Stunden anders zurück, als ich weggeritten bin: Jedes Mal etwas Neues erfahren (oder muss es erritten heißen?), auf alle Fälle jedes Mal bereichert, jedes Mal mit mehr Kraft nach Hause gekommen als beim Weggang. Eine der drei oft im Blickfeld erscheinenden Burgen hoch zu Ross wie die alten Rittersleut' vor grauen Zeiten zu erklimmen, das ist nur ein Weg zu einem Ziel, das ich nicht verständlich genug beschreiben kann, aber es hat ganz viel mit mir selbst und meinem tiefsten Inneren zu tun. Vielleicht ist dabei auch der Weg wichtiger als das Ziel. Allein mein faszinierender vierbeiniger Begleiter und die Feldwege, Wiesen, Äcker, kleinen Wäldchen, Hügel und Schluchten waren und sind in diesen Stunden wichtig, nichts anderes. Dieses Gefühl noch mit einem oder zwei geliebten Menschen zu teilen, das ist eine Art Vollendung.

Eine schöne Utopie oder gar Spinnerei? Nein, ich befinde mich schon mitten auf diesem meinem Weg. Und ich habe tolle Begleiter dabei. Sie sind auf den ersten Blick groß, stark, imponierend, schön, stolz, erhaben. Beim genaueren Herantreten und vorsichtigen Betasten: warm, weich, glänzend, wohlriechend. Beim festeren Zupacken und längerem Sichbeschäftigen: vorsichtig, ängstlich, scheu, kraftvoll, energisch, klug, sensibel, Charakter zeigend, vertrauensvoll, anhänglich, treu. Und sitze ich erst auf deren Rücken und verfolge jede einzelne Körperbewegung in den drei Gangarten, dann wechseln Unzufriedenheit und Angst mit unbeschreiblichen Glücksgefühlen, Verkrampfungen mit Lockerheit und Frohmut, Ärger mit Freude und Stolz. Ich strenge mich an und entspanne mich gleichzeitig, ich schwitze und fühle mich sauwohl dabei. Mensch, Tier und Landschaft gelangen in Einklang – im Kopf, im ganzen Körper und in der Gefühlswelt. Etwas Ganzheitlicheres kann es kaum geben.

Ich habe es geschafft, bin jetzt ein echter **alter Jungreiter.**

Lebensgestaltung am Lebensabend

Gib mir die Gelassenheit,
Dinge hinzunehmen,
die ich nicht ändern kann;
gib mir den Mut, Dinge zu ändern,
die ich ändern kann:
und gib mir die Weisheit,
das eine vom anderen zu unterscheiden.

Gebet Oetingers – 1702-1782

Mit fünfzig Jahren wollte ich, ich wäre entweder zehn Jahre jünger oder zehn Jahre älter. Das war nicht nur meinem Alter geschuldet, sondern auch in hohem Maße der speziellen gesellschaftlichen Situation. Die Nach-Wende-Zeit war nicht nur für mich keine leichte Zeit, besonders beruflich gesehen. Mit sechzig Jahren fühlte ich mich erleichtert, nicht mehr nach hoch hängenden Früchten greifen zu müssen, und es zog eine gewisse Gelassenheit ein. Mit siebzig Jahren muss ich weder anderen noch mir selbst etwas beweisen. Es gibt wenige Verpflichtungen. Ich richte mein Leben nach meinen Prioritäten ein. Die aufkommenden gesundheitlichen Probleme spielen eine immer größer werdende Rolle – nicht nur die eigenen, sondern auch die der engsten Vertrauten. Nun will ich auch noch achtzig werden, obwohl ich jetzt schon dankbar bin, im 72. Lebensjahr im Großen und Ganzen auf ein gutes Leben zurückblicken zu können, und zuversichtlich in die Zukunft schaue, zumal schon so mancher Altersgenosse nicht mehr unter den Lebenden weilt. Ein Großteil der Zuversicht kommt aus der Kraft der Familie, besonders der beiden erwachsenen und gut im Leben stehenden Kinder und des gedeihenden Enkelsohnes. Nicht so optimistisch ist ein vorausschauender Blick in eine Welt zunehmender Probleme und Katastrophen, die vordergründig menschengemacht sind, deshalb auch nur von Menschen bewältigt werden können. Ob und wie das gelingt, scheint mir völlig offen zu sein.

Heute zufrieden, in den eigenen vier Wänden zu sitzen, oder im Vorgarten die Vögel zwitschern zu hören, einigermaßen gesund zu sein und eine intakte Familie zu haben, sich in Wohlstand sicher zu fühlen – das alles erfüllt mich mit Dankbarkeit im Bewusstsein, damit privilegiert zu sein, wenn man sich in der Welt umschaut. Andererseits macht sich gerade da Besorgnis breit: Wir Menschen zerstören unsere eigenen Lebensgrundlagen sukzessiv, ohne das nötige Bewusstsein und entsprechende Konsequenzen im konkreten Handeln daraus zu ziehen. So entwickle ich einerseits schon Schuldgefühle aus Mitverantwortung, andererseits versuche ich, mein Maß bei allem Tun und Lassen zu finden. Auch hier gilt: Die Dosis macht das Gift. Meine und unser aller Lebensweise, von der Ernährung über das Konsumverhalten, über Flächenverbrauch, Verkehrsnutzung bis zum Natur- und Umwelt-, besser: Mitweltverhalten – all unsere zivilisatorischen Ansprüche machen es nicht immer leicht, unsere Erde zukunftssicher zu gestalten. Von den politischen Entwicklungen ganz abgesehen.

Ich übe mich heute in Bescheidenheit und Gelassenheit, was sehr viel mit neuem Verständnis im Umgang mit Zeit zu tun hat. Ich bin heute privilegiert, meine Zeit nicht nur weitestgehend selbst einzuteilen, sondern versuche, in der und mit der Langsamkeit neue Lebensqualitäten zu ergründen, die mir früher verborgen blieben. Statt schnell und viel, verbunden mit Oberflächlichkeit, suche ich heute Tiefgründigkeit, Intensität und oft auch einen gewissen Minimalismus zu finden. »Gut leben statt viel haben« ist ein Slogan, mit dem ich mich angefreundet habe. Dies kann die Grundlage für innere Zufriedenheit sein, statt von außen – oder auch von selbst – aufgedrücktem Pflichtenkanon. Vielleicht kann ich so ein wenig von den Lebensweisheiten in mir vereinen, die Hermann Hesse in seinem »Siddharta« so eindrucksvoll dem buddhistischen Leben entnommen und beschrieben hat. Ich muss dafür kein Buddhist werden. Es scheinen mir ganz natürliche Gedankengänge und Handlungsweisen zu sein, Ansprüche an ein gutes, gelingendes Leben. Die Erkenntnis, dass alles mit allem zusammenhängt und deshalb die Vielfalt nicht nur ihre Berechtigung, sondern auch ihre Notwendigkeit hat, ist dabei für mich von elementarer Wichtigkeit.

Wie sich das im konkreten Alltag niederschlägt?

Mit den alltäglichen Beschwerlichkeiten des 90-jährigen Schwiegervaters habe ich die nahende Endlichkeit des Lebens täglich vor Augen. Andererseits erlebe ich das wundervolle Gedeihen des zweijährigen Enkelsohnes und dessen rasante Entwicklung. Die Lebenszeit dazwischen auszufüllen und zu gestalten, nennt man wohl Lebenskunst.

Ich habe, wie eine alte Weisheit einem Mann empfiehlt, einen Sohn gezeugt – und eine Tochter noch dazu – , ein Haus gebaut und einen Baum gepflanzt. Wie schon erwähnt, gibt mir eine intakte Familie Halt und Kraft und sogleich auch Aufgaben und Verpflichtungen im Alltag. Wir brauchen uns gegenseitig und pflegen Kontakte zu Nachbarn und Bekannten. In der immer kleiner gewordenen Welt hat sich über viele Jahre unsererseits eine tiefe Freundschaft zu einer sechsköpfigen afghanischen Familie entwickelt, die wir nicht mehr missen möchten. Ukrainische Flüchtlinge, seit Kurzem in der Mitte unseres Ortes beheimatet, brauchen unsere Hilfe zur Eingewöhnung in ein neues Zuhause. Ich gehe mit ihnen auf Ämter und helfe bei der Einschulung des neunjährigen Sohnes.

Das ist nicht nur Hilfeleistung für andere, sondern indem ich das Fremde kennenlerne, definiere ich mich selbst immer wieder neu.

Die behinderte Nachbarin braucht Hilfe beim Einkauf, ein anderer kranker Nachbar muss zeitweise regelmäßig mit Medikamenten versorgt werden.

Im Garten sitzen und nichts tun, außer dem Wind, den Wolken und den Vögeln zuzusehen und zu hören, sich zufrieden zurückzulehnen und dankbar zu sein – auch das ist Alltagspraxis für mich.

Mein, unser Terminkalender ist straff gefüllt. Das Rentnerleben ist kein Zuckerschlecken oder Müßiggang, lach.

Somit komme ich dem Ziel nahe, am Ende sagen zu können, ein erfülltes Leben gelebt zu haben, was heißen kann, nichts Wesentliches verpasst zu haben oder bereuen zu müssen. Vielleicht ist das als der Sinn meines Lebens zu definieren. Der zentrale Begriff für den Weg dahin ist wohl die LIEBE im umfassendsten Sinn des Wortes, weit über den Lebenspartner und die Familie hinausgehend, ja allumfassend im Idealfall, vom Anfang an bis ans Ende des Daseins und in allen Lebenslagen. Aber wo findet man schon den Idealfall – was wäre das für eine Welt!

Gestern – Heute – Morgen

Gestern hast du verloren,
als du durch die Straßen gingst
und das Glück suchtest.
Heute gewinnst du,
wenn wir ineinander weilen
und uns finden.
Morgen wirst du ankommen,
am ungeahnten Horizont des Lebens,
indem du eins wirst mit dir und der Welt.

Versuch und Irrtum

Wir konnt'n nicht den Lauf der Zeiten stör'n.
War'n nie allein mit uns zu zwei'n.
Zu schwierig war's, nur einem zu gehör'n.
Die ganze Welt hing uns am Bein.

Drinnen-Draußen

Fenster
Gläserne Wände zwischen drinnen und draußen,
durchlässig und abriegelnd zugleich,
viele Einblicke machen den Raum hell, Rundumsicht – im Glashaus sitzen.
Kippen und Schwenken der gläsernen Flügel verringern die Distanzen.

Blicke
Reinschauen – rausgucken: verschiedene Blickrichtungen
lenken erwartungsvoll die Wahrnehmungen.
Die Neugier auf die andere Seite bleibt beständig und begrenzt.
Sich die Nase an der Scheibe plattdrücken – etwas Neues entdecken!

Gefühle
Was fehlt: Sich in einer Ecke des Raums verstecken können – sich sicher fühlen.
Die Weite der Welt draußen erahnen – sich frei wähnen.
Sich hinter die Scheibe zurückziehen – gefangen sein.
Wo ist mein Platz?

Prägende Erfahrungen im Rückblick

Urquell Familie

Fragt man Menschen, die einen schweren, langwierigen, lebensgefährlichen Leidensgang hinter sich haben – z. B. bei einem Grubenunglück eingeschlossene Bergleute –, was sie ihren Lebensmut erhalten ließ, so bekommt man zwei Dinge genannt: Gottvertrauen und Familie. Nachvollziehbar für mich. Wer an Gott glaubt, fühlt sich in dessen Händen und letztendlich geschehe sein Wille. Meine Familie ist mir auch ohne derart erlebte Erschütterung wichtig. Ich merke das am deutlichsten, wenn sie mir fehlt oder auch nur Uneinigkeit oder gar Streit herrscht. Schon als kleiner Junge betrübte es mich, wenn ich an Mutters Gesicht und Gestik ablesen konnte, dass sie sich über etwas oder manchmal sogar über mich ärgerte. Sie brauchte gar nicht viel zu sagen. Es bedrückte mich. Viele Beispiele bis in die heutigen Tage zeigen die tiefe innere Verbundenheit mit den Lieben. Empathie wird bestimmt von klein auf geprägt und wirkt dann nicht nur im kleinen Familienkreis. Nicht umsonst spricht man von der Familie als der Keimzelle der Gesellschaft.

Aus der Liebe zum gefundenen Partner erwächst der Wunsch nach Kindern. Möglichkeiten der Schwangerschaftsverhütung am Anfang einer Bindung vereinfachen vielleicht eine Entscheidung vorerst, bieten jedoch keine langfristige Entscheidungshilfe.

Als meine Frau Heidrun und ich in einer festen Partnerschaft lebten und eine gemeinsame Zukunft planten, entschlossen wir uns bewusst für ein Kind. Vom Tag der ärztlichen Bestätigung der Schwangerschaft an änderte sich mein Lebensgefühl. Freudige Erwartung nennt man das wohl, aber das sind zwei zu trockene Worte. Nicht nur dass die werdende Mutter tief in sich ein neues Gefühl kennenlernte, auch ich verfolgte die Schwangerschaft mit vielen Gefühlen und Erwartungen. Zum Teil mit »Kopffragen« wie: Wird auch alles gut gehen in den neun Monaten, bei der Geburt und vor allem dann, wenn der Säugling da ist? Werden wir den Anforderungen gerecht werden? Schließlich erlebt man das zum ersten Male und ist wenig darauf vorbereitet.

Und dann kommt der große Tag. Ich bringe Heidrun an einem Sonntagnachmittag in die nahegelegene Frauenklinik. Bequemerweise nur wenig hundert Meter entfernt. Wir werden vom Pförtner auf die Station geschickt. Ich klingele, eine Schwester öffnet, sieht den dicken Bauch, bittet herein. Ein letzter Blick, ein flüchtiger Kuss und ich stehe mutterseelenallein im Gang. Meine Gefühlswelt ist zwischen himmelhochjauchzend, besorgniserregend und traurig angesiedelt. Wieso muss ich sie jetzt allein lassen? Wieso schließt sich die Tür hinter ihr und vor mir so erbarmungslos? Wie gern wäre ich jetzt weiterhin an ihrer Seite.

Mein nächster Weg führt mich zu den Schwiegereltern. Die Überbringung der Botschaft löst natürlich Freude aus. Ich bin eingeladen zum Abendessen und zum gemeinsamen Warten auf einen Anruf.

Der kommt weit nach Mitternacht, nach einer Ewigkeit, ausgefüllt mit Hoffen und Bangen – und einem kräftigen Schluck Weinbrand und einem Bier ... oder auch zwei, drei, ...

»Mutter und Kind wohlauf. Herzlichen Glückwunsch. Sie können sie am Vormittag besuchen kommen.«

Dreifach erleichterter Jubel und endlich fällt die ganze Spannung ab. Ich mache mich alkohol- und adrenalingeschwängert auf den Weg nach Hause, es dämmert schon ganz langsam. In Gedanken stehe ich wieder vor derselben verdammten Tür wie am Vortag. Als ich drei, vier Häuser vor meiner Haustür bin, funkeln mich, im einzigen kleinen Vorgarten weit und breit, zwei wunderschöne Büschel Osterglocken an. Ein Blick links, ein Blick rechts und ab über den Zaun, behutsam fünf oder sechs ausgewählt, ohne dass es groß auffällt, und zurück auf den Fußweg gehüpft – strahlendes Gesicht mit Mundwinkeln bis hinter die Ohren. Gleich nach acht Uhr klingele ich in der Klinik an besagter Tür und die öffnende Schwester stutzt und lächelt. Diesmal darf ich eintreten und die strahlende junge Mutter umarmen: die Frau, mit der ich mich gemeinsam entschieden habe, ein Kind zu zeugen, auf die Welt zu bringen, beim Wachsen zu begleiten und ein Leben lang zur Seite zu stehen. Was für eine Aufgabe!

Die Blumen rufen allgemeine Verwunderung vor Ort hervor. Die Frage, wo ich denn zum Montag früh um diese Zeit die frischen Blumen her hätte, überhöre ich einfach grinsend. Dann der Clou: Ich bekomme durch eine Türscheibe nebenan, im Arm einer Schwester liegend, ein Bündel Mensch vorgezeigt – nur den Kopf, alles andere ist ja vermummt. Mein, unser Sohn Jens, noch etwas verschrumpelte Gesichtszüge, aber friedlich schlafend. Ich bin sein Vater, juchhe! Wieder mit Adrenalinhöchstmaß im Blut erzählt mir Heidrun noch das Geschehen der letzten Stunden. Es lief alles zur Zufriedenheit, ganz normal und relativ schnell. Leichte Befürchtungen eventueller Auswirkungen, weil die Geburt drei Wochen vor dem errechneten Termin war, bestätigten sich kaum. Ja, er musste wohl noch mal kurz zum kontinuierlichen Atmen »gezwungen« werden, aber sonst alles gut.

Erst nach reichlich vier Jahren entschieden wir uns für ein zweites Kind. Diesmal war ja der Ablauf in etwa bekannt. Es war wieder spannend und aufregend. Ute kam ebenfalls drei Wochen zu früh zur Welt, aber sonst ohne Komplikationen. Die Freude war natürlich riesengroß, besonders darüber, dass der geheime Wunsch nach einem Mädchen wahr wurde. Und dennoch: Die Intensität des Gefühlslebens, das ganze Drumherum dieser Lebensphasen unterschieden sich. »Das erste Mal« ist und bleibt etwas ganz Besonderes, ist nicht zu toppen ...

Die Jahre davor waren ausgefüllt mit der Fürsorge um Jens und unser beider beruflichen Tätigkeiten. Keine leichte Zeit, aber schön in der Erinnerung – manchmal kräfteraubend und zugleich kraftgebend, weil sinnstiftend. Wir Eltern wussten, wofür wir uns Tag für Tag und manchmal auch nachts mühten. Natürlich gab es Probleme. Kleine Kinder werden krank. Lehrertätigkeit, besonders in den ersten Jahren nach dem Studium, kann kräfteraubend sein. Ich hatte nach dem ersten Jahr in der Schule »hingeschmissen« und mich neu orientiert – alles machbar mit der Kraft unserer relativen Jugend und des Nachwuchses.

Dieses Gefühl des Zusammengehörens in der Familie, dieses Einssein, dieses Jederzeit-füreinander-Dasein entwickelt Kräfte, die ein Leben lang wirken, besonders wenn es einem selbst oder einem Mitglied der Familie mal nicht gut geht. Zum Beispiel als ich mit großen Problemen mit meiner Bauchspeicheldrüse in vier verschiedenen Krankenhäusern mehrere Wochen verbringen musste. Ohne die kontinuierlichen Anrufe und Besuche wäre ich in Einsamkeit versunken, besonders an den Wochenenden. Als Heidrun da einmal verhindert war, kam Ute extra aus Leipzig und ging mit mir im Klinikgelände spazieren. Auch Jens war gedanklich und telefonisch bei mir und ich bin mir gewiss: Ginge es mir sehr sehr schlecht, wären sie alle über alle Entfernungen und Hindernisse hinweg an meinem Bett.

Dieses Gefühl macht »Familie« im engen Kreis – Eltern und Kinder – wie auch erweitert durch die Großeltern beiderseits. Dazu gehört allemal das gemeinsame Feiern von Festen und Geburtstagen. Ich habe mehrfach zu Weihnachtsfesten energisch den Wunsch deutlich gemacht, dass Weihnachten immer das Fest unserer Familie sein möge, komme da, was wolle. Das erschien mir notwendig angesichts der zwei Tatsachen, dass Sohn Jens mit seinem Partner in Irland lebt und Ute mit ihrem

Partner Jan in Leipzig. Zum Fest alle an einen Tisch zu bekommen ist da nicht immer und schnell machbar, bisher aber sehr gut gelungen.

Der »Fels in der Brandung Familie« ist und bleibt meine liebe Frau Heidrun. Und das Fundament sind die berühmten 5 Buchstaben L I E B E . Dies prosaisch zu verdeutlichen gelingt mir kaum. Lyrik kann das eher.

Ich will
Ich will dich nicht nur verstehen
Ich will den Himmel in deinen Augen sehen
Ich will dich berühren, riechen, schmecken
Ich will mein Ohr an deinen warmen Bauch recken
Ich will in deinem sprudelnden Quell mich baden
Ich will mich so im Paradies auf Erden laben

kuscheln
rücken an rücken
brust an rücken
bauch an bauch
po an bauch
...
so geht's auch

reichtum
ohren, augen, mund und hals
schmecken mal süß, dann wieder wie salz
brust, bauch, scham und schenkel
verschmelzen zum ganzen als basis für enkel

brauch kein geld, brauch kein gut
du allein gibst mir den mut
werden mir oft die knie auch weich
habe ich dich – dann bin ich reich

Erweiterter Familienkreis

Nach dem Lesen eines Zeitungsartikels, in dem seitens der Diakonie Erfurt für Patenschaften für afghanische Flüchtlinge geworben wurde, boten Heidrun und ich Hilfe bei schulischen Problemen an. So lernten wir 2014 eine sechsköpfige Familie kennen, die im Dezember 2012 nach Erfurt gekommen war. Die älteste Tochter R. war gerade in den Prüfungsvorbereitungen zum Realschulabschluss. Drei weitere Töchter lernten ebenso ehrgeizig an derselben Erfurter Realschule. Ich erinnere mich noch gut an unsere erste Begegnung in der Wohnung der Familie M. Wir wurden sehr freundlich von den Eltern begrüßt. So herzliche Umarmungen bei einer ersten Begegnung, so viel Wärme hatte ich noch nirgends auf Anhieb gespürt: Wildfremde Leute mit schweren Schicksalsschlägen und Todesangst öffneten uns nach zögerlicher, mühsamer Verständigung über zukünftige Hilfe ihren Kühlschrank und wollten uns bei der Verabschiedung aus Dankbarkeit von allen Speise-Reserven etwas mitgeben.

In den vergangenen acht Jahren hat sich unsere Beziehung zur Familie M. von einer schulischen Patenschaft für die Kinder über eine Freundschaft mit der ganzen Familie hin zu einer gemeinsamen Familie entwickelt. Ja, das sind nicht nur große Worte, das leben wir auch wirklich so. Vater M. bat uns voller Vertrauen, seine Kinder auch als unsere Kinder zu betrachten und so zu behandeln. Genau das war seine Antwort auf meine Frage, als wir eines Tages mit S. einen größeren Ausflug planten und ich fragte, wann S. wieder zu Hause sein müsse: »Behandeln Sie sie wie Ihre Tochter«, war seine Antwort. Ich dachte anfangs, er habe »mein« und »dein« sprachlich verwechselt, aber nein, er meinte es so wie gesagt. Ich stutzte anfangs ein wenig, als er sich bei jedem Besuch nach »seinen« Kindern erkundigte und dabei »meine, unsere« Kinder Jens und Ute meinte. Spätestens als sich die jüngste Tochter S. mächtig darüber freute, endlich einen kleinen Bruder bekommen zu haben, als wir einen Enkelsohn – Utes Sohn – geschenkt bekommen hatten, war auch für mich der gemeinsame Familiensinn klar.

Auch hier fehlen die richtigen Worte, die Tiefe der Beziehung zu erfassen, die uns verbindet. Auch das hat wohl mit dem großen Begriff LIEBE zu tun ...

Vater C. sprach in diesem Zusammenhang einmal davon, dass wir uns schon viel, viel länger kennen. Aber das ist nochmal eine andere Ebene.

Schmalzgrube

Ein kleiner Ort im Osterzgebirge nahe der tschechischen Grenze übt seit Beginn meiner Erinnerungsfähigkeit bis heute eine besondere Anziehungskraft aus. Der Vater bekam über den FDGB des RAW Zwickau – seine Arbeitsstelle – nicht jedes Jahr, aber alle zwei bis drei Jahre einen Ferienplatz in einem kleinen Ferienheim in Schmalzgrube. Mit drei oder vier Jahren war ich das erste Mal dort und seither alle paar Jahre immer wieder. Als der Betrieb des Ferienheimes eingestellt wurde, fanden wir private Unterkunft im Ort; als diese ebenfalls aus Altersgründen wegfiel, suchten und fanden wir ein neues privates Domizil am anderen Ende des Ortes. Und wenn mal gar nichts ging, mieteten wir uns im Nachbarort in eine Ferienwohnung oder in ein Hotel ein. Also ist dieser Ort seit den 1950er-Jahren bis heute in die 2020er-Jahre für meine Familie über mehrere Generationen hinweg ein Anziehungspunkt. Wie kann das sein?

Nicht ganz leicht zu erklären, weil kaum aus der Ferne nachvollziehbar.

Der Ort mutet an wie in einem idyllischen Märchenfilm: eingeschlossen von dichten Wäldern – fast ausschließlich Fichten –, ruhig und bescheiden wirkend, seit vielen Jahrzehnten kaum verändert, wenig Menschen, Ruhe, saubere, würzige Luft.

In der engen Talsohle schlängeln sich das Flüsschen Schwarzwasser sowie die Dorfstraße. Links und rechts erheben sich kleinere Wohnhäuser und Weideflächen für Kühe. Diese ziehen sich von der Talstraße mehr oder weniger sanft oder steil verzweigt in die Höhe der sowieso schon um die 600 Meter hoch gelegenen Siedlung. Weiter steil geht es dann hinein in dunkle Wälder und weiter nach oben bis zum Kamm auf über 800 Höhenmeter. Entlang der Dorfstraße links und rechts wohnen kaum 200 Menschen in Wohnhäusern unterschiedlicher Größen und Bauarten. Für einige geht es noch ein wenig höher und weiter zum Wald hin. Hinzu kommen ein Schwimmbad, eine kleine ehemalige Fabrik und ein Bahnhof. Diesen bediente bis auf eine mehrjährige Zwangspause zu DDR-Zeiten eine Schmalspurbahn, die ehemals von Wolkenstein bis nach Jöhstadt führte. Deren schnaufende, qualmende und pfeifende Lokomotive mit drei, vier Personenwagen und wenn nötig auch mal einem Güterwagen war ein wichtiges Erkennungszeichen des Ortes. Die Züge überqueren Straße und Bach zweimal im Ort. Den Ort verlassend erreichen Bahn und Straße sehr bald den Forellenhof, das schon ewig bekannt-beliebte Ausflugsziel für Einheimische und Gäste. Aus dem nahegelegenen Teich kommen die Forellen frisch und in verschiedenen Zubereitungen auf den Tisch dieser viel besuchten Gaststätte.

Das alles macht so aufgezählt noch nicht den Hauptgrund für die Attraktivität für unsere Familie über viele Jahrzehnte aus. Begibt man sich auf einen von der Hauptstraße relativ steil aufsteigenden Weg gen Waldrand, kommt man auf dem von uns meistbegangenen Weg an vier, fünf Häusern vorbei auf eine Anhöhe. Von dort aus wird es noch steiler und wilder und geht in dichten, finsteren Fichtenwald über. Doch leicht außer Atem auf dem Querweg zuvor angekommen, steht dort seit Gedenken eine einfache Holzbank, unsere Bank. In letzter Zeit ist es noch mehr unsere Bank, weil uns nach dem kräfteraubenden Anstieg bis hierher eine Sitzpause besonders wohl tut. Zeit zur Besinnung. Der Weg führte vorbei an dem Haus, in dessen Obergeschoss wir viele Jahre lang unser Domizil hatten. Es war ganz früher die Bäckerei des Dorfes, ich erinnere mich noch daran, als kleiner Junge dort ab und an ein schönes Stück Kuchen zum Nachmittagskaffee bekommen zu haben – oder ganz frische duftende Brötchen frühmorgens. Dort begann auch der Generationswechsel in unserer Familie. Nicht mehr Mutter, Vater und die beiden Schulkinder (mein acht Jahre jüngerer Bruder wurde selbstverständlich eingeschlossen), sondern der erwachsene große Sohn mit seiner Frau nahmen hier im Sommer öfter für vierzehn Tage Quartier. Erstmals 1974. Meine Frau Heidrun war sehr schnell von der Ausstrahlungskraft, die von diesem Ort und seinem Drumherum ausging, ergriffen und begeistert. Auf der erwähnten Bank sitzend stellt sich ein kaum beschreibliches Gefühl von Harmonie oder auch Idylle ein: Ruhe, saubere, würzige Luft, bewaldete Berge vor der untergehenden Abendsonne, in die Landschaft gestreute Häuser, im Tal die dampfende und bimmelnde Schmalspurbahn, ein bellender Hund oder ein gackerndes Huhn vom nächstgelegenen kleinen Wohnhaus, der ehemaligen Försterei. Auf dessen Misthaufen im Hof sonnten sich Kreuzottern, erinnere ich mich ehrfürchtig an die Kindheit. In der Ferne gegenüber eine größere Kuhweide am schrägen Hang und davor war noch ein Stück vom Friedhof mit dem kleinen hölzernen Glockenturm zu sehen. Jeden Samstag um 17.00 Uhr wurden die vier Glocken mit langen Seilen von einer Familie geläutet.

Unmittelbar vor der Bank grasten manches Jahr zwei Schafe. Ein andermal mähte der »Nachfolger« des Försters im Beisein seines kleinen Sohnes Grünes. Das Rauschen der Sense im saftigen Grün, das im Korb zu den Hasen in den Stall gebracht wurde, kann ich noch heute hören. Halb rechts, nur 30 Meter entfernt, war einmal ein kleiner Teich, gefüllt von einem murmelnden Bächlein aus dem Bergwald dahinter. Dieses frische klare Wasser plätscherte am Ausgang des Teiches weiter ins Dorf hinunter und war natürlicher Spielplatz für mich. Um den Tümpel herum standen einst ein paar kleine Fichten, meterhoch. Diese sind heute riesig und der Tümpel ist trocken.

Unser Sohn Jens wurde hier ins Leben geschickt. Sowohl er als auch unsere Tochter Ute konnten über mehrere Jahre den Bann, der meine Eltern, mich und auch Heidrun hier einnahm, ebenso für sich entdecken. Sogar deren Lebenspartner verbrachten hier schöne Urlaubstage und waren begeistert. Ob unser Enkel Theo das fortführen würde? Das wäre dann die vierte Generation.

Ich habe versucht, die tiefen Wahrnehmungen, Empfindungen und Reflexionen bei den ausgiebigen Spaziergängen und Ruhephasen in den Wäldern dort lyrisch zu verarbeiten, also in Bildern, denn mit bloßen beschreibenden Worten gelingt das nicht optimal, wie ich eben merke.

Stille

Erste Schwingungen aus einer Welt von morgen.
Das Ende von Raum und Zeit.
Alles vereint im Moment.
Ich spüre die Tiefe meines Ichs.
Ein Bild von zarten, schwungvollen Konturen steigt auf,
formt sich zum Ganzen – lässt ahnen, was sein kann.
Dann wieder Stille.
Anders als vorher.
Ich lebe ein Stück mehr.

Mein Leben

Mit 5 mutig den Fels am Wegesrand erklommen und stolz auf die kleine Welt unter mir geschaut.
Mit 15 auf der Kuhweide gelegen und erwartungsvoll in das blau-weiße Dach der Welt gestarrt.
Mit 30 am selben Ort – nur ohne Kühe – die ganze Welt umarmt und neues Leben gezeugt.
Mit 50 den kleinen Ort und die große Welt miteinander verglichen und den Blick zufrieden zurück und fantasievoll nach vorne gerichtet.
Mit 66 auf der altvertrauten Bank am Dorfrand über den Dächern des Ortes dem sonntäglichen Glockenspiel gelauscht und

die veränderten Hügel, Gräber und Ruinen dieser kleinen großen
Welt wahrgenommen.

Zwiegespräch auf der abseits gelegenen Bank
Damals, vor 50 Jahren
waren wir gleich groß,
Sprösslinge, 1 Meter, ungefähr.
Heute, 2 Generationen später,
überragst du mich vielfach kraftvoll und stolz,
bin ich klein geblieben, seit einer Ewigkeit.
Du hast noch viel vor dir.
Ich beneide dich.

Wir
Lang Ausgestreckt Im Weichen Warmen Moos
Zwischen Deinen Beinen Liegend
Spüre Ich Das Leben

Auf der Lichtung liegend
Die spitzen Pfeile der Sonne attackieren deinen runden Bauch.
Die in den Himmel geschossenen Bäume drohen wie mächtige
Palisaden.
Neben dir auf den Boden gepresst höre ich das Gras wachsen.
Mein Arm umfängt die ganze Welt.
Eins – zwei – drei.
Es werde.

Erlebnis Peking

Indem wir auf das Fremde schauen, entdecken wir uns selbst neu.
Wer die Kultur des Andern begreift, hört auf, in ihm einen Fremden zu sehen.

Fr. v. Weizsäcker

Wie haben Sie sich auf den Aufenthalt in Peking vorbereitet?

Bewusst nicht übermäßig intensiv. Ich wollte die Fremdheit, die ich neugierig erahnte, einfach auf mich zukommen lassen und »vor Ort« Erfahrungen sammeln.

Natürlich habe ich ein paar Hinweise von meiner delegierenden Einrichtung bekommen und mir einen Reiseführer gekauft. Grundsätzlich hielt ich mich aber offen für das große Abenteuer, machte keine großen Pläne und beschäftigte mich nicht mit der Theorie.

Mit welchen Gedanken erfolgte die Abreise?

Als es so weit war und ich im ICE zum Frankfurter Flughafen saß, durchzog mich schon ein seltsames Gefühl. Ich war ja ganz alleine auf mich gestellt, hatte noch nie eine derart weite Reise in eine fremde Welt unternommen, ja vor wenigen Jahren noch nicht mal davon geträumt und sie vor 15 Jahren für unmöglich gehalten. Als die Maschine von der Rollbahn abhob, war dieses zwiespältige Gefühl von Neugierde und Abenteurertum einerseits und Ungewissheit und Gefahr andererseits hundertmal stärker.

Wie war der Flug?

Angenehm. Die Zeit verging relativ schnell. Ich muss wohl sogar wider Erwarten geschlafen haben, denn einmal erschrak ich sehr, als ich aus dem Fenster schaute und plötzlich in der Dunkelheit Positionslichter ganz in der Nähe sah. Mein erster Gedanke war: eine Annäherung einer anderen Maschine. Aber es waren nur die Leuchten an der eigenen Tragfläche.

Mein unmittelbarer Nachbar, ein junger Engländer, war ebenso schweigsam wie ich. Erst kurz vor der Landung kamen wir ein wenig ins Gespräch. Er kannte Peking gut, war schon oft dort und wollte alte Bekannte besuchen und die Entwicklung der Stadt sehen. Er bewunderte meinen Mut, besonders auch wegen der zu erwartenden Verständigungsprobleme. Ich wurde wieder nervöser. Werde ich mich am Pekinger Flughafen durchfinden, ohne jemanden fragen zu können? Wird man mich abholen und vor allem erkennen? Wird mein Gepäck da sein? Was mache ich, wenn etwas nicht klappt?

Welche ersten Eindrücke sammelten Sie?

Zunächst war ich erst mal erleichtert, dass alles nach Wunsch verlief. Ich wurde mit einem Schild mit meinem Namen und von dem deutschen Manager der Firma, einer chinesischen Begleiterin und dem Fahrer begrüßt. Und ab ging es im großen Citroen in Richtung Stadtmitte. Breite, immer geradeaus führende, autobahnartige Straßen mit Mautstelle, fremdartige Umgebung, karge Landschaft. Jedoch wurde es immer lebhafter betreffs Autos und Menschen beim Blick aus der Seitenscheibe. Und nach ca. 45 Minuten stiegen wir aus, gingen über die Straße und standen auf dem riesigen, berühmt-berüchtigten »Platz des Himmlischen Friedens«. Ich sah meine Begleiter an, drehte mich um die eigene Achse und war fassungslos. Ich konnte es nicht so schnell realisieren. Wusste nicht mal gleich, welche Tageszeit eigentlich ist. Einfühlsam zeigte man mir das Mao-Mausoleum, den Eingang zur »Verbotenen Stadt« mit dem großen Mao-Bild, den riesigen Volkspalast am Rande des Platzes, in dem gerade der Volkskongress tagte. Deshalb war auch überall Polizei zu sehen. Ich erfuhr, dass vor Kongressbeginn der eine halbe Million Menschen fassende Platz gründlich gesäubert worden war, und zwar von tausenden Chinesen mit Handbürsten! Mein Begleiter hat es selbst gesehen, schob er meinem skeptischen Blick zu ihm nach.

Dann wurde ich noch durch den angrenzenden Teil der Altstadt geführt. Hier begegnete mir ein Geschäftstreiben wie noch nie erlebt. Relativ enge Gassen, durch die sich große Menschenmengen drängen. Von links und rechts wird man regelrecht bedrängt, etwas zu kaufen. Die Waren stehen dicht bei dicht an den Straßenrändern. Vor den Geschäften drängen richtige Marktschreier die Leute an die Stände und in die Läden. Über den Straßen hängen bunte Wimpelketten. Die herrlichen, prunkvollen alten Häuserfassaden in traditioneller chinesischer Baukunst treten erst beim zweiten Hinsehen in ihrer vollen Pracht in Erscheinung – ich kann gar nicht alles realisieren. Es ist laut, bunt, eng, aufdringlich, einem Ameisenhaufen gleich. Erst nach ein paar hundert Metern wird es immer ruhiger, weniger Geschäfte, mehr Restaurants, weniger Leute, es wird slumartig. Ärmlich gekleidete Menschen hantieren vor verkommenen, winkeligen »Bruchbuden«. Wir kehren um. Ein Geschäft auf der anderen Straßenseite zieht meinen Begleiter noch magisch an. Es hat etwas Besonderes. Zaghafte, ungewohnte Klänge und Gerüche dringen raus auf die Straße. Ich erfahre und erkenne es dann auch: es ist ein Tibet-Shop. Wir gehen hinein. Ich bin spannungsgeladen. Es ist eng, tibetische Musik und der besondere Geruch empfängt uns jetzt in verstärkter Form. Die Farbe Rot dominiert. Eine faszinierende Welt hält mich gefangen. In der linken hinteren Ecke eine Buddha-Statue mit Kerze und Geld davor. Tausende bunte Souvenirs, kleine und große. Zwei junge Damen in schillernder, farbenfroher Landestracht als freundliche Verkäuferinnen an einem Tisch mit vielen kleinen Souvenirs in der Mitte des Raumes. Ich bin weggetaucht mit meinen Gedanken, habe alles andere um mich herum vergessen, nehme nur mit all meinen Sinnen wahr. Erst am Ende des kleinen Rundganges mit Anfassen hier und da schärft sich meine Aufmerksamkeit wieder. In der rechten dunklen Ecke an einem kleinen Tisch sitzen zwei alte tibetische Männer, ebenfalls in voller Landestracht. Ihre freundlichen, runzligen Gesichter strahlen Ruhe und Gelassenheit sondergleichen aus. Der Rauch aus den langen Pfeifen in ihren Mündern würzt den Raum zu den leisen Klängen tibetischer Musik aus einem kleinen Radio. Ich stehe wie angewurzelt, genieße erneut voll den Moment des Anblicks, lege alles andere ab, schließe kurz die Augen, fühle mich ganz leicht … Ferne und Nähe vereinen sich in mir, ich habe kein Raum- und Zeitempfinden mehr …

Meine Begleiter schieben mich weiter. Unsicher und sinnesbetäubt krame ich dann meinen Fotoapparat hervor, diesen Moment festhalten wollend. Vorsichtig öffne ich die Hülle, denn irgendwie bin ich mir unsicher. Da schüttelt einer der alten Männer leicht den Kopf. Sein Gesicht bleibt unverändert freundlich. Wie von meiner Ahnung bestätigt lasse ich das Ding schnell wieder verschwinden. Hab es mir ja gleich gedacht. Kein Bild kann die Atmosphäre hier richtig einfangen. Ich habe sie mit der Nase, mit den Augen und im Gehirn gespeichert. Hierher muss ich nochmal kommen!

Wie endete der erste Tag in Peking?

Mit einem Festessen mit der Firmenchefin in einem vornehmen Restaurant. Nachdem wir, meine drei Begleiter und ich, wohl so eine halbe Stunde auf die Gastgeberin warten mussten, wurde reichlich aufgetafelt. Auf den großen runden Tisch mit der gläsernen Drehscheibe in der Mitte kamen nach traditionellem chinesischen Verständnis für fünf Personen sechs verschiedene Gerichte. Ich wurde gefragt, was ich wünschte, hatte aber keine Ahnung. So stellte die Chefin das Menü zusammen. Es gab Rind- und Schweinefleisch, Frosch, Geflügel, Fisch, Pekingente. Dazu viele, viele Beigaben: Salate, Gurken, Gemüse, Saucen. Alles toll zubereitet, scharf gewürzt und auch fürs Auge sehr appetitlich. Natürlich Reis und Nudeln. Nach und nach probierte ich gleich meinen Tischgenossen von allem. Das war nicht leicht. Mein erstmaliger Umgang mit Stäbchen war noch sehr mühsam und mit vielen »Fehlgriffen« verbunden, und ich war zusätzlich aufgeregt, hatte zu viele Eindrücke zu verarbeiten. Nicht alles gelang mir. Die Konversation am Tisch konnte ich mit meinem spärlichen Englisch auch kaum mitgestalten. Aber wiederum war ich fasziniert von der fremden Vielfalt und den beherzten Zugriffen meiner Gastgeber. Man drehte sich das Gewünschte in greifbare Nähe und »angelte« es sich. Dazu hatte man eine Reisschale und ein kleines Schälchen mit einer dunklen Sauce direkt vor sich. Die stäbchengerechten Pekingenten-Stückchen wurden nach Eintauchen in eine Sauce in eine Teigoblate gelegt, dazu wurden Gurkenstückchen und Frühlingszwiebeln gegeben und das Ganze wurde zusammengerollt gegessen. Den ersten Happen bekam ich beispielhaft zubereitet, dann musste ich selbst ran. Es ging so leidlich. Schmeckte aber alles vorzüglich. Ich war am Ende satt zum Platzen. Getrunken wurden ein wohlriechender und angenehm schmeckender Blütentee, Jasmintee, und auch Bier.

Dann ging's ins neue Heim?

Ja. Nochmals stieg die Spannung bei mir. Wie würde ich wohnen? Es ging zuerst über große Ringstraßen mit mächtigen, vielleicht dreißiggeschössigen Gebäuden an den Seiten, dann durch kleinere Seitengassen. Wir durchfuhren eine Art Tor, vor dem ein Uniformierter mit Notizblock und Stift Aufsicht führte. Unser Fahrer verständigte sich kurz mit ihm, bekam einen Zettel und wir befuhren ein großes Wohngebiet mit sowohl mächtigen Y-Hochhäusern wie auch fünfgeschossigen Wohnscheiben. In solch einer, im vierten Stock, war meine Wohnung. Es waren schon recht alte Bauten, nicht sehr ansehnlich, schmutzige Treppenhäuser und eine hässliche, aber bestimmt sichere Stahltür als Eingangstür. Auch in der Wohnung viel Schmutz und Staub überall. Man zeigte mir das Notwendigste, schrieb die Adresse auf Chinesisch und die Telefonnummer auf, verabredete sich für den nächsten Tag und – da stand ich mit meinen beiden Koffern mutterseelenallein.

Was ging Ihnen jetzt durch den Kopf?

Ich holte tief Luft, schaute mich um und erkundete: direkt gegenüber der Eingangstür eine kleine Küche mit Gasboiler, Spüle, Schrank und mit einer Kochnische hinten rechts in der Ecke, so breit – nein, besser gesagt so eng – wie der zweiflammige Gaskocher, links von der Eingangstür ein großes Wohnzimmer mit Fernseher, dahinter ein kleines Schlafzimmer mit Doppelbett und gegenüber, also rechts von der Eingangstür, ein kleines Arbeitszimmer mit Schreibtisch, Telefon, Bücherregal. Zwischen Küche und Wohnzimmer war zurückgesetzt das Bad mit Toilette und Dusche. Schmutzige Fußböden, schmutzige Tische, Lampen, in denen nicht alle Birnen brannten, kalte, trockene Luft – ich war nicht gerade begeistert.

Dann sagte ich mir: In diesem Dreckstall packst du die Koffer gar nicht erst aus.

Ich probierte die Fernbedienung der Klimaanlage aus, das klappte. Aus der Dusche – der Stellhebel war total ausgeleiert – tröpfelte und rieselte nach längerer Anlaufzeit warmes Wasser. In mir wuchs der Eindruck, man hatte mich in ein altes, größtenteils verlassenes Wohngebiet gesteckt. Nach einem Blick aus den schmutzigen Fenstern, der nur das triste Gegenüber eines genauso gearteten Wohnblockes erkennen ließ, bezog ich mein Bett und legte mich schlafen. Ich war auch erstaunlich schnell eingeschlafen.

Erst nach und nach stellte ich dann durch Beobachtung meiner Umgebung fest, dass in den Straßen und Häusern reges Leben war und abends viele Privatautos vor den Eingängen standen. Ich wohnte in einer Gegend mit durchaus gut situierten Familien zu nicht billigen Mietpreisen.

Brachten die ersten Tage dann positivere Eindrücke?

Noch nicht so schnell. Nachdem ich am nächsten Morgen meine Wohnung gründlich gesäubert hatte, fühlte ich mich besser. An den folgenden zwei Tagen wurden mir von einer netten jungen Dame, deren erster großer Auftrag nach dem Studium war, mich zu begleiten und zu führen, die traditionellen Sehenswürdigkeiten gezeigt: die Verbotene Stadt, der Sommerpalast, der Lama-Tempel, der Himmelstempel und natürlich die Große Mauer. Auch »Dashalan«, das Altstadtviertel mit dem Tibet-Shop am Ende stand erfreulicherweise wieder auf dem Plan. Hier würden die vielen gesammelten Eindrücke bei detaillierter Schilderung ein weiteres ganzes Buch füllen. Die Verständigung in Englisch zwischen einer frisch von der Schule Kommenden und einem über 50-Jährigen, der einstmals etwas Englisch gelernt hatte, klappte verhältnismäßig gut.

An den Abenden ging ich auf Erkundungstour in meiner näheren Umgebung. Die Neugierde war groß. Ich steckte also meinen Zettel mit Adresse und Telefonnummer ein und wagte mich vor die Tür, immer mit dem eisernen Bemühen, ja nicht die Orientierung zu verlieren. Der Trubel auf den Straßen, die vielen Menschen, die Dunkelheit am frühen Abend – ich staunte nur so. Und vor allem: Ich konnte nichts Sprachliches verstehen, niemanden fragen und keine Schrift lesen – war fast wie taub, stumm und blind, in gewisser Hinsicht.

Mit der Zeit zog ich meine Kreise um die Wohnung immer weiter. Schon beim zweiten Gang entdeckte ich eine schöne Runde, auf der mir viel Gegensätzliches auf engem Raum auffiel: große Straßen mit viel Verkehr und große Bauten am Rand – gegenüber enge, schmutzige, dunkle Gassen mit Hütten und Ruinen.

Und ich musste ja auch essen. Ich bin anfangs ein paar Mal aus Restaurants wieder rausgegangen, weil keine Verständigung möglich war und die Speisen, die ich der Kellnerin in Form von Fotos in meinem Marco-Polo-Führer unter die Nase hielt, auch nur Kopfschütteln hervorriefen. Aber auch das wurde mit der Zeit immer besser. Hab mir Speisen, die mir gut geschmeckt haben, notieren lassen, um sie wiederzuerkennen und bestellen zu können.

Wie lange ging das so? Wie wurde es besser?

Ich hatte von Anfang an gleich viel Unterricht, über dreißig Wochenstunden. Das hat sehr »geschlaucht« und wenig Zeit gelassen für anderes. Ich tröstete mich damit, dass ich ja drei Monate Zeit hatte, Land und Leute zu erkunden. Hinzu kam, dass ich so nach einer Woche den »Jetlag« zu spüren bekam. Aufgrund der Zeitverschiebung von sieben Stunden war ich anfangs abends noch nicht müde und kam früh dafür nicht auf die Beine. Das hat sich von Tag zu Tag verstärkt bemerkbar gemacht. Das Wochenende und der Gewöhnungseffekt haben aber dann das Problem abgeschwächt und letztendlich auch beseitigt. Wichtiger war, dass ich fasziniert, begeistert und weiterhin neugierig auf diese so andere Welt war.

Wie lief es in der Schule?

Anfangs nicht leicht, denn auch hier war es nicht vergleichbar mit Schule und Unterricht in Deutschland. Der Schulleiter hat mir aus dem Stegreif auf einem kleinen Zettel einen Stundenplan gebaut, mir zwei Lehrbücher in die Hand gedrückt und los ging's. Ich erinnerte mich an den Ratschlag der erfahrenen Kollegin beim Vorbereitungs-Gespräch in Halle: Alles locker sehen, unbürokratisch, kreativ ... Das befolgte ich und fuhr gut damit. Die Schüler und Studenten waren begeistert, sehr lernwillig und respektvoll. Es war sehr anstrengend und gleichzeitig interessant, denn ich war nicht nur Lehrender, sondern auch Lernender. Ich musste viel improvisieren und auf niedrigstem sprachlichem Niveau arbeiten, aber das hatte auch seinen Reiz. Man muss sich selbst zwingen zur Einfachheit, Klarheit und Beweglichkeit.

Wie sah so der Alltag aus, als sich alles eingependelt hatte?

Erste Selbstlernprozesse und die Hilfe einiger Lehrerkollegen führten so nach etwa drei Wochen zu dem, was Sie Alltag nannten. Ich hatte vier bis sechs Stunden Unterricht. Von zwölf Uhr bis 13.30 Uhr war Mittagspause. Da ich nur wenige hundert Meter von der Universität wohnte, ging ich meist nach Hause und ruhte mich aus und aß eine Kleinigkeit, die ich mir unterwegs vom Straßenrand mitnahm. Am späten Nachmittag nochmals ausruhen, eventuell einkaufen in dem nahegelegenen Supermarkt, dann Abendessen in einem Restaurant und Erkundung von Land und Leuten. Entweder in der näheren Umgebung zu Fuß oder im Stadtzentrum per Taxi, später auch per Bus und U-Bahn. Immer das wichtigste Dokument – Adresse und Telefonnummern – in der Brusttasche, dazu Stadtplan und Marco-Polo-Führer.

Was waren die interessantesten und beeindruckendsten Erlebnisse?

Da waren zunächst wie angedeutet die an den ersten beiden Tagen von meiner Firma organisierten und begleiteten Exkursionen.

Ebenso beeindruckend und unvergesslich, wie auf dem Platz des Himmlischen Friedens zu stehen, ist es, auf der Mauer zu spazieren. Man erlebt ein ganz anderes Gefühl der Dimensionen Raum und Zeit, wenn man dieser gewaltigen Schlangenlinie über Berge und durch Täler auch nur ein paar hundert Meter folgt und rundum blickt.

Auch die räumliche Ausdehnung des Kaiserpalastes, die geometrisch strenge Gestaltung und der Prunk der Hallen bis hin zum beeindruckenden Park am Ende dieses gewaltigen Areals – alles hinterlässt einen tiefen Eindruck von einer Welt, die wir uns so nicht vorstellen können.

Für mich war gleichbedeutend mit diesen Hauptsehenswürdigkeiten noch der Lama-Tempel inmitten der Stadt. Auch er ist ein größeres Areal, mit hoher Mauer umgeben. Auf den Straßen davor riecht es bereits beim Sichannähern nach Weihrauch. Überall werden die Stäbchen und unendlich viele Souvenirs verkauft. Und anders als in der Verbotenen Stadt, die ja nur noch »Museum« ist, spürt man im Lama-Tempel das buddhistische Leben. Ringsum huldigen Besucher vor den unterschiedlichsten Statuen auf die Knie gehend und Räucherstäbchen niederlegend ihrer buddhistischen Religion. Es sind erstaunlich viele junge Leute dabei. Ab und an sieht man auch einen Mönch in dunkelroter Kutte und mit kahlem Kopf entweder vorüberlaufen oder auch im stillen Gebet vor dem großen, goldenen, lächelnden Buddha. Ich sah eine Gruppe von fünf bis sieben Mönchen, die lautstark mit Hammer und Meißel längliche Rillen in große Steinstufen schlugen. Das rhythmische Geräusch erfüllte das weite Rund, schon lange bevor man sah, was da geschah.

Beim ersten Besuch hatte ich mir vorgenommen, nochmals mit mehr Ruhe und Zeit hierher zu kommen, was ich auch noch zweimal realisierte.

Konnten Sie auch etwas abseits der touristischen Zentren Eindrücke und Erfahrungen sammeln?

Ja, das war für mich fast noch interessanter und wichtiger. Ich wollte nicht nur eine »Draufsicht« als Tourist, sondern mich mitten hinein begeben, ins Leben. Also suchte ich Plätze, wo sich das Alltagsleben der einfachen Menschen abspielt. Dazu traute ich mich nach längerem Zögern in verlassene Nebenstraßen der Innenstadt, kleine ärmliche Gaststätten abseits der Boulevards, Nachtbars im Vergnügungsviertel und eines Tages sogar in ein traditionelles chinesisches Badehaus.

Dabei studierte ich die Menschen in ihren Bewegungen, ihre Mimik und Gestik, ihre Verhaltensweisen, ja wollte sogar hinter ihre Denkweisen kommen, ihre Mentalität also ziemlich umfassend kennenlernen – was mir nur sehr bedingt gelang.

Und an einem Wochenende gegen Ende meines Aufenthaltes habe ich zwei berühmte buddhistische Klöster weit außerhalb Pekings per Taxi erkundet. Diese kaum noch genutzten Einrichtungen und besonders deren Umfeld – wirklich tausendjährige Bäume in herrlich angerichteten Gärten – gehören mit zu den beeindruckendsten bleibenden Erinnerungen.

Sie sprachen mehrfach von der anderen Mentalität, Denk- und Verhaltensweise der Menschen. Worin unterscheidet sich diese nun grundsätzlich von der unseren?

Also, so voll und ganz bekomme ich das noch nicht »auf den Punkt«. Prägend ist wohl für Peking die Größe der Stadt mit etwa so vielen Einwohnern, wie die einstige DDR insgesamt hatte. Das bestimmt den Alltag »draußen«. Es geht auf den Straßen zu wie in einem riesigen Ameisenhaufen. Ebenso in den Kaufhäusern und auf den Märkten. Dieser äußeren Hektik, dem Lärm, auch dem Schmutz der Stadt stehen eine gewisse Gelassenheit und innere Ruhe ausstrahlende »Einzelpersönlichkeiten« gegenüber. Nicht deutsche Pünktlichkeit und Nervosität, Bürokratie und Ordnung sind wichtig, sondern immer ein leises Liedchen auf den Lippen, sich frei und unverbindlich bewegend den Tag gestalten und genießen. Untereinander, z. B. im Lehrerkollegium, aber wohl auch in Freundeskreisen insgesamt, habe ich weniger Herzlichkeit und »Nähe« beobachtet als oft bei uns. Zumindest wird es nicht öffentlich gezeigt. Es gibt eine große Höflichkeit und Zuvorkommenheit, kaum sind mal Streit oder gar Gewalt zu beobachten. Selbst in den Bars und Diskotheken geht es nachts sehr gesittet zu, der Alkohol fließt bei den Jugendlichen nur sehr spärlich.

Ich vermute, da gäbe es sehr viel Interessantes konkret zu berichten. Vielleicht greifen Sie noch ein wichtiges Ereignis heraus?

Ja, gern. Schon bei einem meiner ersten Rundgänge in meiner Wohnnähe fiel mir ein kleines Restaurant in ärmlicher Randlage der Stadt auf, das aber sehr sauber schien. Eine nette Kellnerin in traditioneller chinesischer, rot bestickter Jacke und schwarzer Hose, war durch die große Scheibe der Tür zu sehen. Ich hatte einen schweren Tag hinter mir und Hunger. Ich traute mich hinein. Nur sechs oder sieben Tische, zwei oder drei Gäste – es war noch früh am Abend. Meine Erwartungen wurden voll erfüllt. Ich wurde besonders höflich bedient, was ja bei den Verständigungsproblemen nicht selbstverständlich war. Das Essen schmeckte und war extrem billig. Schon beim Platznehmen standen Sonnenblumenkerne auf dem Tisch, die man mit den Zähnen knackte, auspulte und aß, und als Nachtisch gab es leckere Apfelstückchen, alles gratis. Dies sollte meine »Stammkneipe« werden. Zumal es auch Flaschenbier gab, das dem gewohnten Bräu ganz ähnlich schmeckte.

Natürlich wurde ich von allen anderen Gästen, meist junge Leute, bestaunt wie ein Exote – ich war ja einer für sie. Aber immer freundlich und nie belästigend.

Ich ging dann regelmäßig zwei- bis dreimal die Woche hin und war bekannt und beliebt. Ich hatte neben Kellnerin auch Koch und einen weiteren Mitarbeiter, der die Grillgerichte draußen im Freien bereitete und sich später als einer der beiden Besitzer-Brüder erwies, kennengelernt. Sogar dessen Sohn – der gerade begann, in der Schule Englisch zu lernen – fand nach anfänglicher Scheu langsam Vertrauen zu mir und ich holte ihn an meinen Tisch, um ein paar Worte Englisch mit ihm zu sprechen: eat apples and drink beer together ...

Eines Abends prosteten mir zwei junge Männer zwei Tische weiter zu. Sie aßen fröhlich und lautstark aus heißem Topf auf Feuer und tranken auch Bier. Nach einem gegenseitigen »prost – gambe« lud ich sie an meinen Tisch ein. Sie sprachen beide gut Englisch, der eine zwar weniger, aber eher aus Zurückhaltung, wie ich später bemerkte, denn er verstand alles. Ebendieser war der andere Besitzer-Bruder des Restaurants und der gesprächigere und lustigere sein Freund und Arbeitskollege. Sie waren beide Ingenieure und kamen nur ab und zu abends in ihr Restaurant. Wir verabredeten uns fürs nächste Mal zum gemeinsamen Essen. So hatte ich erste Freunde gefunden. Ich war in der Folgezeit hier immer willkommen, durfte mich ein wenig heimisch fühlen, was nach und nach auch gelang und wichtig für meine Seele war.

Einmal, ich saß wohl etwas traurig und mutlos in meiner Ecke, hatte auch nicht aufgegessen und grübelte so vor mich hin – es war am frühen Nachmittag und ich war der einzige Gast –, merkte ich, dass der Kellnerin mein Kummer aufgefallen war, und sah sie telefonieren. Keine fünfzehn Minuten später war An De Cheng – mein neuer Freund – da und fragte, was mit mir los sei, ob ich vorzeitig zurückfliegen müsse oder was sonst mich so traurig mache. Er hatte seinen Arbeitsplatz frühzeitig verlassen, um sich um mich zu kümmern. Ich erzählte ein wenig von meinen Problemen, wir aßen gemeinsam, tranken Bier und aßen Äpfel und es ging mir wieder blendend. Es wurde immer deutlicher, dass wir viele Gemeinsamkeiten in wichtigen Ansichten hatten und uns gut und lange unterhalten konnten, wenn auch sprachlich gehandicapt. Diese Verbundenheit ließ mich eines Tages nach seinem Geburtstag fragen und siehe da, genau einen Tag vor meinem. Gambe!

Würden Sie dieses Angebot sofort wieder annehmen, wenn es nochmals käme?

Also, sofort nicht unbedingt, d. h., ich würde eine andere Jahreszeit wählen, wenn ich könnte. Vielleicht auch einen anderen Ort, vielleicht die landschaftlich schöne Gegend im Süden Chinas ...

Oder ein ganz anderes Gebiet unserer Erde, etwa Mittel- oder Südamerika, ev. Afrika ... Aber von der Sache an sich – jederzeit wieder in der für mich idealen Verbindung von Beruf und persönlichen Interessen und für einen Zeitraum von drei oder vier Monaten.

Vielen Dank für Ihre interessanten Ausführungen.

Naturerlebnisse Amazonas-Regenwald und Serengeti-Nationalpark

Wie kam es zu dem Wunsch nach den beiden großen Abenteuerreisen?

Das Amazonasgebiet war wegen seiner Faszination anhand von Fernsehberichten und durch ein persönliches Gespräch mit einem Bekannten in meinen Fokus gerückt. Dieser hatte dort genau das erlebt, was mir vorschwebte: im Einbaum durch die grüne Lunge unseres Planeten paddeln und das üppige Grün des Urwaldes genießen, die Geräusche und die Stille wahrnehmen und die Schwüle der Luft auf der Haut spüren.

Nachdem das gelungen war, wollten wir in ähnlicher Weise die Tierwelt der berühmten und vielfach dokumentierten Serengeti direkt erleben und die viel gepriesenen Big Five möglichst hautnah erleben, also vorrangig die Fauna. Dies wäre die Ergänzung zur in erster Linie florabezogenen Regenwald-Begegnung.

Wie wurden die beiden Reisen organisiert?

Völlig unterschiedlich. Unser Sohn Jens war beide Male federführend. Die Südamerikareise war an sich schon ein großes Abenteuer. Weil Jens bei American Airlines in Dublin angestellt war, hatten wir die Möglichkeit, per Stand-by zu fliegen. Das begann in London und führte über New York und Lima nach Iquitos, immer unter der Maßgabe, dass wir nur mitgenommen würden, wenn freie Plätze im Flieger das ermöglichten. Die Unwägbarkeiten bekamen wir dann auch zu spüren. Mit viel Engagement des Sohnes und viel Geduld von Heidrun und mir kamen wir verspätet in der Morgendämmerung in Iquitos an. Hier war wieder Jens gefragt und regelte die Formalitäten zur Weiterreise in unsere Urwald-Lodge. Die paar Stunden des Wartens verbrachten wir mit Staunen über die völlig neuartige Atmosphäre vor Ort im wahrsten Sinne des Wortes: schwülwarme Luft, das langsam beginnende Treiben auf den Straßen mit immer lauter werdendem Knattern der Tucktucks, das bunte Treiben der farbigen Männer und Frauen ...

Wie ging es dann weiter?

Per Boot auf dem Amazonas ca. zwei Stunden bis in einen Seitenarm des Flusses zu einer kleinen Lodges-Siedlung. Auch das war nicht ohne »Zwischenfälle«. Weil Trockenzeit und somit Niedrigwasser war, wühlte der Heckmotor mehrere Male nur Sand an die Oberfläche und wir kamen nicht vorwärts. Der Bootsführer und der Guide, der uns die ganze Zeit begleiten und führen würde, verließen das Boot, um Gewicht zu reduzieren. Sie schleppten und zogen es per Muskelkraft mühsam etwas weiter. Wir taten es ihnen gleich und stürzten uns mit unseren Schwimmwesten in die Fluten, die nur bis zu den Knien und Oberschenkeln reichten. In dem Moment lachten wir herzhaft über unsere Schwimmwesten.

Angekommen begrüßten uns der Lodges-Besitzer und seine zwei Söhne und zwei Bedienstete, die für unseren Aufenthalt sorgen würden. Wir waren allerdings die einzigen Gäste, die meisten Lodges waren wohl schon länger nicht mehr bewohnt.

Unterkunft und Verpflegung waren gesichert – zur Zufriedenheit?

Ja, völlig. Vom Ausstieg des Bootes führten angelegte Bretterpfade etwas bergauf zu wiederum auf Pfählen erbauten Plattformen und Unterkünften für jeweils zwei

Personen. Dies waren halboffene, aus Brettern und Netzen bestehende »Hütten« mit einem Doppelbett und nebenan eine Toilette und Dusche. Vom ersten Moment an faszinierend, denn man hörte alle Geräusche der Außenwelt und auch wenn jemand kam oder vorbeiging knarrten die Dielen. Ich freute mich schon auf die erste Nacht!

Wie endete der erste Tag?

Nachdem wir uns eingerichtet und eine kurze Erholungs- und Eingewöhnungsstunde auf den Betten verbracht hatten, erkundeten wir die nahe exotische Umgebung. Da saß ein bunter, zahmer Papagei auf der Geländerstange, die unbeschreiblichen vielfältigen Urwaldgeräusche umhüllten uns, die extrem feuchtwarme Luft machte uns zu schaffen. Ich fühlte mich – schwer beschreibbar – leicht und neugierig, voller Erwartungen ...

Unser Guide, ein junger, höflicher Mann im weißen T-Shirt und kurzer, roter Sporthose, beantwortete uns in gebrochenem Englisch auf der Terrasse sitzend so einige Fragen zu dieser für uns völlig neuen Welt. Die erste Bewirtung, das Abendessen, war die nächste Überraschung, auch wenn sich unser Hunger in Grenzen hielt. Eine Vielfalt an Früchten und zum größten Teil uns unbekannten Salaten und anderen Speisen luden zum Probieren ein.

Dann wurde noch der nächste Tag besprochen und relativ schnell war es gegen 18 Uhr dunkel geworden, stockdunkel. Rechtzeitig stellte einer der Bediensteten Kerzen und Laternen auf den Wegen zu den einzelnen Lodges auf. Es wurde ruhiger und etwas kühler, aber nur wenig.

Kurze Zeit später lagen wir ermattet, aber noch immer mit weit offenen Ohren und Augen in unseren Betten und genossen diese fantastische grüne Oase, bis uns der Schlaf befiel. Gegen sechs Uhr in der Frühe berauschte ein immer heftiger werdendes Morgenkonzert des erwachenden Regenwaldes unsere Sinne. Verschieden laute und lang anhaltende Vogelstimmen, viele – eigentlich alles unbekannte – Geräusche drangen an unsere Ohren.

Gab es ein festes Programm für die folgenden fünf Tage Aufenthalt?

Unser Guide fragte uns nach unseren Wünschen und wollte uns so weit wie möglich die Zeit angenehm gestalten. Er bot uns im Prinzip jeden Tag zwei Exkursionen – eine vormittags, eine nachmittags – an, womit wir völlig einverstanden waren. Die dazwischen liegende Mittagsruhe war sehr willkommen. Selbst der Guide war einmal eingeschlafen, während er meist las oder Englisch lernte. Auch wünschten wir den ausgeschriebenen Besuch eines Schamanen in einem Urwalddorf. Diesen organisierte er kurzerhand in seinem Heimatdorf, etwa eine Stunde Bootsfahrt entfernt, per Kurzwellensender. Dieses Erlebnis sowie der Besuch in einem anderen kleinen Dorf mit Begegnungen mit einer Anakonda und den Einwohnern waren zwei der vielen unvergesslichen Erlebnisse. Besonders die Streifgänge durch den Dschungel hatten es in sich. Gleich am zweiten Tag nach dem Frühstück ging es los. Der Guide, nur ausgerüstet mit seiner Machete, ging voran und hielt oftmals inne, um uns etwas zu zeigen und zu erklären. Da war ein Termitennest, da ein giftig-stacheliger Baumstamm, aus dieser Liane konnte man reines Wasser trinken ...

Manche Ausflüge erfolgten in einem Kanu-Einbaum von ungewöhnlicher Größe. Es fasste fünf Personen. Ich bekam ein Paddel in die Hand gedrückt, das andere hatte der Guide, der ganz hinten saß, und ich saß ganz vorn. Die in der Mitte hatten die »ehrenvolle Aufgabe«, mit kleinen Töpfen das geringfügig, aber kontinuierlich eindringende Wasser vom Bootsgrund nach draußen zu befördern. Dieses lange, schmale Gefährt forderte uns ziemlich. Besonders beim Ein- und Aussteigen balancierten und schwankten wir des Öfteren, aber auch das Geradeausfahren musste in Abstimmung der beiden Paddler erst harmonisiert werden. Es waren ja einblättrige Kajakpaddel, die man immer seitenwechselnd einsetzte. Dabei ging es nicht nur um unsere Sicherheit, sondern auch um die der mitgeführten Sachen wie Fotoapparat und Videokamera, die ein Tauchbad schlechter als wir selber vertragen hätten. Ich erinnerte mich während dieser Fahrten mehrfach an genau diesen Wunschtraum rückwirkend von zu Hause. Glückseligkeit breitete sich in mir aus.

Ein weiterer Clou war ein Baumriese mit riesigen Brettwurzeln und behangen mit vielen Lianen, ein Kapjok-Baum, sieben Meter im Durchmesser. Derartige sind nur noch selten hier vor Ort zu finden, mussten wir erfahren, und wir hatten auch eine größere Strecke Dschungelmarsch hinter uns zu bringen, um dieses Prachtstück zu finden. Fernsehbilder davon gibt es viele, aber persönlich vor so einem

Riesen zu stehen ist etwas völlig anderes. Klein und demütig kommt man sich vor ...
Wir schwangen uns in seinen Lianen wie Tarzan durch die Lüfte – kaum zu beschreibende Glücksgefühle durchfluteten meinen Körper und entlockten mir den »Tarzanschrei« ...

In umfangreichen Videoaufnahmen versuchte ich, diese faszinierenden Erlebnisse festzuhalten. Sie sind zwar amateurhaft und technisch unvollkommen, sie fingen aber mehr von diesen unheimlich beeindruckenden Erlebnissen ein als alle Worte hier, wie ich gerade beim Schreiben merke.

Vielleicht noch ein Versuch:

Der Besuch einer Affeninsel war eines der vielen Ausflugsziele. Mit dem Motorboot ging es mit noch zwei Gästen – zwei Spanierinnen – auf eine Insel, wo vorrangig verwaiste Affenkinder oder nicht mehr erwünschte Tiere neu beheimatet wurden. Verschiedene Affenarten unterschiedlichen Alters lebten hier halb wild miteinander und an Menschen gewohnt. Die Besucher wurden manchmal regelrecht von ihnen als Spielkameraden oder Futtergeber bedrängt. Jens musste aufpassen, dass einer von ihnen auf seiner Schulter ihm nicht die Brille stahl. Andere wühlten einem in den Haaren oder bettelten eindringlich nach Bananen. Gewöhnungsbedürftig. So nah kamen wir im Dickicht des Urwaldes diesen Tieren sonst nie.

Wieder zu Hause angekommen, mit durchgeschwitzten Hemden und etwas müde, äußerte ich den Wunsch, jetzt einfach ins vielleicht doch etwas ins kühlende Wasser springen zu wollen, was ich mich aber nicht traute, aus Angst vor allerlei lauernden Gefahren wie Piranhas oder gar Krokodilen. Letztere hatten wir schon beim Besuch eines Einheimischen im dortigen Haustümpel gesehen. Als die beiden Jungen des Lodges-Betreibers das von unserem Guide übermittelt erfuhren, zogen sie ihre T-Shirts aus und sprangen vom Boot aus einfach ins Nass. Das war für mich das Zeichen, es ihnen gleichzutun, und ich genoss die lauwarme Brühe, auch wenn rings um mich herum manchmal kleine Fischchen aus dem Wasser sprangen.

Die beiden spanischen Damen staunten nicht schlecht über das Geschehen. Sie ließen sich dann wieder wie beim Einsteigen ins Boot auf dem Rücken des Lodges-Besitzers trockenen Fußes ans Ufer tragen!

Am vorletzten Nachmittag empfing uns unser Guide mit einer großen Axt mit langem Stiel und führte uns hinter die Lodges nicht weit zu einer Bananenplantage. Dort lagen einige alte Stämme wohl schon länger herum. Er begann, einen Stamm mit seiner Axt gekonnt zu bearbeiten, das heißt, die Rinde Stück für Stück vorsichtig zu entfernen und genau hinzuschauen. Es kamen dicke, fette, etwa drei bis vier Zentimeter lange, helle Maden zum Vorschein – eine Delikatesse für ihn und seinesgleichen, was er uns sofort demonstrierte. Der Aufforderung zum Probieren kamen wir nicht nach, aber zum Abendbrot gab es diese hübsch serviert und alle langten zu. Knusprig braun gebraten schmeckten die Proteinbomben sehr wohl.

Nicht unerwähnt kann die Begegnung mit dem Schamanen des Heimatdorfes unseres Guides bleiben. Ich sehe den Mann in bedrucktem T-Shirt und brauner »Schlabberhose« noch heute mit uns gemeinsam auf seiner Terrasse sitzen. Der Guide sprach mit ihm spanisch und musste dann für uns zurück ins Englische dolmetschen. Das erschwerte die Verständigung sehr. Viele meiner Fragen und Bemerkungen konnte ich nicht an den Mann bringen. Trotzdem erfuhren wir viel über sein schamanisches Wirken: wie er Schamane wurde und mit welchen Hilfsmitteln – zum Beispiel dem Ayahuasca-Trunk – er arbeitete. Das ist ein aus verschiedenen Pflanzenextrakten gemischter, brauner, bitter schmeckender Sud, der in eine Art Rauschzustand führt, aber nicht süchtig macht.

Was der Schamane kann und auch was er nicht kann, kam so glaubwürdig rüber, dass der Gedanke einer Scharlatanerie für mich gar nicht erst aufkam. Er benannte auch Beispiele seines Wirkens, sodass alles völlig glaubwürdig und selbstverständlich erschien. Der Höhepunkt war der Abschluss. Wohl weil ich der Älteste war, zelebrierte er nur andeutungsweise an mir, mit welchem Ritual seine Behandlungen beginnen. Er stellte sich vor mir auf, ein monotoner Gesang hob an – natürlich für mich unverständlich – und er fuhr mir abwechselnd mit einem Federbüschel und mit seinen Händen über den Kopf. Automatisch schloss ich die Augen und versank ganz in mir. Als er seine Hand als Abschlussgeste auf meinem Haar ruhen ließ, durchzuckte meinen Kopf ein kurzer Stich. Diesen Moment habe ich bis heute für mich behalten. Ich wollte einfach darüber nicht mit anderen reden. Es war zu intim und ich befürchtete Unglaube. Dann holte er noch aus seiner Hütte eine selbst gefertigte und benutzte hölzerne Pfeife, die aus zwei Teilen bestand, und überreichte sie mir als Geschenk. Meine Glückseligkeit in diesem Moment war gepaart mit Verwirrtheit und ich konnte zunächst auf die Fragen der anderen, was ich gespürt habe, nicht antworten. Das für mich so wichtige Erinnerungsstück stand bei mir im Arbeitszimmer viele Jahre im Regal. Einmal habe ich die Pfeife mit Tabak gefüllt und geraucht. Das bereute ich kurze Zeit später, denn sie roch nicht mehr wie vorher. Eines Tages war sie einfach weg. Ich erstarrte und versuchte zu recherchieren. In den letzten Tagen davor waren drei fremde Leute in meinem

Arbeitszimmer gewesen. Auch auf die Gefahr hin, wegen falschen Verdachtes angefeindet zu werden, befragte ich diese. Erfolglos.

Aber Sie hatten ja noch ein zweites Ziel anvisiert?

Ja, ursprünglich war geplant, das berühmte Machu Picchu anschließend zu besuchen. Wir hatten auch schon Unterkunft dort reserviert und flogen über Lima nach Cusco. Dieser Flug von praktisch null Meter Meereshöhe auf 3 200 Meter brachte unser Innenleben durcheinander. Nachdem wir von einem netten Gastgeber-Ehepaar empfangen worden waren und unser Zimmer bezogen hatten, merkten wir, dass irgendetwas »in der Luft lag«. Wir gönnten uns zunächst ein Stündchen Ruhe und wollten uns dann aufmachen und die alte Inka-Stadt anschauen. Das fiel besonders mir schon recht schwer. Mit noch müden Beinen und ungutem Gefühl in der Magengegend machten wir uns auf den Weg. Unsere Wirtin gab mir noch ein paar spezielle Bonbons zur Stärkung mit, die nicht viel Besserung brachten. Der Stadtrundgang in einer uns völlig fremden Welt war ein Erlebnis sondergleichen. Eine bunte Welt betreffs der Menschen, Straßen, Prachtbauten und Steinmauern hielt uns gefangen und ließ die Wehwehchen vergessen, fast ...

Am Abend wieder im Zimmer wurde noch der Plan für die Anreise per Zug zum großen Weltkulturerbe besprochen, d. h., Jens machte sich diesbezüglich sachkundig.

Die folgende Nacht ließ mich kaum schlafen. Schweißgebadet und mit starker Übelkeit begrüßte ich den Morgen. Jetzt begannen auch Heidrun und Jens über Unwohlsein und Mattheit zu klagen und das Frühstück fiel so gut wie aus. Was tun? Ich schlug vor, die beiden – oder wenigstens Jens –sollten die vielleicht einmalige Chance, Machu Picchu zu sehen, nicht ungenutzt lassen. Aber das wurde vehement abgelehnt. Nach Beratung mit unseren beiden Gastgebern beschlossen wir schweren Herzens, nur noch einen Tag in Cusco zu bleiben und uns einige Sehenswürdigkeiten in der Nähe anzusehen. Für mich selbst war die Enttäuschung nicht so groß, denn ich war immer noch mit meinen Gedanken und Gefühlen gefangen von unseren Urwalderfahrungen, konnte nicht so schnell »umschalten«. Außerdem brachte dieser Tag doch noch herrliche Erlebnisse: Wir bestaunten die alte Inka-Kunst, hohe Mauern und Wände mit großen Steinblöcken ohne jegliche Bindemittel zu gestalten. Die Steine passten so genau aufeinander, dass kein Blatt Papier dazwischen zu schieben war. Mit Staunen und Kopfschütteln fragten wohl nicht nur wir uns, wie die Menschen dies damals bewerkstelligt hatten. Als wir dann noch einen Kondor aus nächster Nähe sehen und sogar vorsichtig anfassen konnten, war das ursprüngliche Vorhaben fast vergessen und uns ging es auch schon wieder etwas besser. Bei einer Gruppe einheimischer Frauen mit vielen Lamas – eine allgemeine Touristenattraktion – konnten wir nicht widerstehen und kauften für Ute eine typische Andenmütze, eine bunte Strickjacke aus Lamawolle für Heidrun sowie kleinere Souvenirs.

Dieser höchst eindrucksvolle Aufenthalt hatte sich trotz geändertem und verkürztem Plan gelohnt und war eine tolle Bereicherung unserer Erfahrungen. Freilich blieb ein bisschen Wehmut ob des verpatzten Groß-Erlebnisses vorhanden.

Dann ging es wieder hinunter nach Lima. Nach nur eineinhalb Flugstunden waren wir wieder in der Welt voller hektischer Betriebsamkeit hochzivilisierten Flugbetriebes.

Sie deuteten anfangs an, dass Sie Ihre zweite große Erlebnisreise in die Serengeti im Zusammenhang mit der Amazonas-Erfahrung sehen. Inwiefern?

Ja, eigentlich war es die dritte große Erfahrung fremder Welten. Die erste war 2002 ein dreimonatiger Aufenthalt in Peking als Dozent für deutsche Sprache an einer Privatschule. Dabei lernte ich eine »andere Welt« insofern kennen, als die Menschen dieser damaligen 17-Millionen-Stadt einfach anders denken, anders laufen, anders Auto fahren, anders einkaufen usw. Durch meinen Unterricht konnte ich in ganz persönlichem Kontakt mit den Kursteilnehmern aus ganz China diese Menschen sehr nah kennenlernen, denn die Themen des Unterrichts waren genau diese, wie der eigene Lebenslauf oder die Alltagsdinge wie Essen/Trinken/Einkaufen, Kultur, Sport oder Freizeitgestaltung. Die Kurse sollten als Vorbereitung für ein Studium in Deutschland dienen, das ja neben Amerika sehr gefragt bei den chinesischen Jugendlichen war.

Hier also die Menschen im vordergründigen Interesse und die Großstadt, dann vorwiegend die Flora des Regenwaldes und danach noch die Fauna der Serengeti, freilich nicht ganz so isoliert betrachtet.

Damit hatte ich meine drei großen Interessengebiete fremder Welten weitestgehend abgedeckt, selbstverständlich nur ansatzweise, niemals allumfassend.

Das ist verständlich. Wie begann das mit der Reise in die afrikanische Savanne?

Relativ unspektakulär, mit normalen Linienflügen über Addis Abeba und weiter nach Arusha in Tansania. Nach einer Übernachtung und den Regelungen mit dem dortigen Reisebüro, für das wir uns entschieden hatten, ging es am zweiten Tag mit dem Jeep und Fahrer, gleichzeitig unser Guide für die kommende Fünf-Tage-Safari, gen Savanne. Wir waren zu viert, Heidrun, Jens, Ute und ich. Aus der belebten Kleinstadt über mehrere Stunden Fahrt vorbei an kleinen Ortschaften direkt an der Straße »beschnupperten« wir die uns fremde Umgebung.

Ich möchte mir an dieser Stelle eine chronologische Beschreibung der folgenden Tage vermeiden, weil, wie schon oben gesagt, es nicht adäquat in Worte zu fassen ist und ich es auch wieder in Bild und Film festgehalten habe. Deshalb sollen hier nur einige unvergessliche Eindrücke wiedergegeben werden.

Die Erwartungshaltung war, möglichst die Big Five und was sonst noch so »kreucht und fleucht« zu Gesicht zu bekommen. Vorgewarnt, dass man dafür keine Garantien bekommen konnte, war unsere Haltung nicht allzu euphorisch betreffs der Erfüllung unserer Wünsche. Im Nachhinein kann ich sagen, dass unsere Wünsche weit übererfüllt wurden. Das hat großteils am Glück und noch mehr an der Erfahrung und dem Instinkt unseres hervorragenden Guides gelegen. Er beherrschte die Kunst, mit uns zu kommunizieren, den Jeep durch das steinige Gelände zu manövrieren, die Augen weit offen für Sehenswertes in der Gegend zu halten, Sprechfunk mit anderen Kollegen zu halten und auf dem Beifahrersitz lag auch noch das Wörterbuch. Von außen ankommende Telefonate gab es zusätzlich.

Wir haben unmittelbar nach der Reise versucht, eine Liste aller gesehenen Tierarten zu erstellen. Das ist uns zwar weitestgehend, aber bestimmt nicht vollständig gelungen. Wir sind auf sage und schreibe über fünfzig gekommen. Natürlich waren es die Elefanten, Löwen, Leoparden, Büffel, Gnus, Impalas, Nashörner und Flusspferde, die den größten Eindruck hinterließen. Aber auch die Giraffen, Zebras, Affen, Schakale, Hyänen und viele Vogelarten ließen uns aus dem Staunen nicht herauskommen. Insgesamt beobachteten wir von Beginn an, dass hier nicht der Mensch bestimmend war und stets Vorfahrt hatte, sondern die Tiere. Sobald ein Tier am Straßenrand oder sogar auf der Straße in Sichtweite war, wurde die Geschwindigkeit verringert oder angehalten, nicht nur weil die Besucher und Touristen etwas sehen wollten, sondern auch weil sich die Menschen als Eindringlinge in das Reich der Tiere empfinden und deren Reich achten und respektieren. Deshalb gelten auch einige Regeln für uns, die streng einzuhalten sind, zum Beispiel wird nur an festgelegenen Rastplätzen angehalten und ausgestiegen und man darf nichts, aber auch gar nichts aus dem Jeep werfen.

Können Sie uns ein oder zwei Höhepunkte der Safari beschreiben?

Eine Auswahl fällt mir schwer.

Auf einem offiziellen Rastplatz an einem kleinen See stehen vier, fünf Jeeps mit Touristen. Da kommt entlang des Ufers ein riesiger Elefantenbulle gemächlichen Schrittes geradewegs auf uns zu. Unbeirrt nähert er sich und schreitet selbstsicher gemächlich durch die Autos. Es wird ganz still, zwei Leute rennen noch in ihren sicheren Jeep. Das mächtige Tier mit ebensolchen Stoßzähnen überragt die Wagen bei Weitem. Nur das Klicken und Surren von Kameras durchschneidet den angehaltenen Atem der Menschen. So langsam und stetig, wie er kam, verschwindet er in die von ihm wohl klar definierte Richtung. Verhaltener Jubel bricht aus. Ein unbeschreibliches Gefühl ...

Oder:

Gegen Abend in einer exklusiven Lodge am Ngorongoro-Graben angekommen, beziehen wir unser Zimmer. Die Vorderfront des Raumes ist völlig verglast und bietet hinter einem schmalen Streifen Wiese und Hecken den weiten Blick in den Graben. Es ist aber leider schon dunkel. Nur das Licht aus den Zimmern dringt ein paar Meter nach draußen. Ich schaue und erschrecke. Da grast ein mächtiger Büffel ca. drei, vier Meter vor uns langsam von rechts nach links wandernd. Fast greifbar. Was, wenn der jetzt sich durch mich gestört fühlt und mit seinen Hörnern voran Anlauf nimmt? Ute kommt aufgeregt aus dem Nachbarzimmer, nur mit Badetuch umhüllt, und hat eben auch diese Entdeckung gemacht.

Da lag schon etwas Angst im Raum, denn so eine Glasscheibe wäre sicherlich kein Hindernis für den Kraftprotz. Nach paar Mal Luftholen stellte ich die These auf, dass das vielleicht eine Touristenattraktion des Hauses hier sei, der Büffel also zahm und ungefährlich wäre. Jens erkundigte sich am nächsten Morgen an der Rezeption danach. Nein, es war ein wilder Büffel aus dem Graben hochgekommen, um das saftige Grün zu genießen. Es kommen auch manchmal andere Tiere – war die Antwort.

Natürlich waren zwei, drei hautnahe Begegnungen mit Löwen eine Attraktion. Zum Beispiel als gegen Abend zuerst eine Löwin mit einem Jungen an eine kleine Wasserstelle kam, um zu trinken, und nach und nach immer mehr erschienen, die wir vorher überhaupt nicht gesehen hatten. Oder: Wir standen am Wegesrand und bestaunten eine kleine Gruppe Löwen um uns herum. Plötzlich kam eine noch nicht ganz ausgewachsene Löwin langsamen, aber stetigen Schrittes auf der linken Seite des Autos von hinten auf uns zu. Ich saß links hinten und wartete erstarrt, was jetzt geschehen würde. Filmen konnte ich nicht mehr, nur Luft anhalten und gucken. Zwei, drei Meter vor dem Jeep stutzte sie kurz, schaute zu mir hoch und lief weiter. Ich hätte die Hand raushalten können, um sie zu berühren, Ute warnte mich noch rechtzeitig davor. Ich war auch erstarrt und dermaßen gerührt, diesem Tier in die Augen geschaut zu haben, dass ich noch jetzt Gänsehaut bekomme, wenn ich daran denke.

Oder das Bild wie in einer Filmkulisse:

Wir standen vor einem ursprünglich größeren See, der aber in dieser Trockenzeit nur wenig Wasser hatte. Darin aalten sich einige Flusspferde dicht gedrängt. Nachdem wir dem Treiben ein paar Minuten zugeschaut hatten, näherte sich am gegenüberliegenden Ufer von rechts eine Herde von fünf bis sechs Elefantenkühen unterschiedlichen Alters, zog am Ufer entlang und verschwand gemächlichen Schrittes links im Gebüsch, nur ein Jungtier machte plötzlich noch mal Halt, um von dem kostbaren Nass zu trinken, und flitzte dann hinterher. Dieses Panorama genießend fragte ich Heidrun, welcher Film da gerade laufe, sie kniff mich lachend in den Arm. Ja, es war reales Geschehen.

Und dann noch eine Begegnung ganz besonderer Art. Ein Besuch eines Dorfes der dort einheimischen Massai. Man hatte uns von Weitem ankommen sehen. Der Dorfälteste empfing uns herzlich mit gebrochenem Englisch. Hinter den Palisaden, die in weitem Rund das Dorf umschlossen, bereiteten sich viele, vor allem junge Männer und Frauen in bunter Kleidung, auf unser Kommen vor. Plötzlich hoben helle Frauenstimmen an zu singen, dazu stampften die Frauen, und eine Männerformation bewegte sich tanzend auf uns zu. Ein für uns fremdartiges, aber sehr eindrucksvolles afrikanisches Spektakel lief vor unseren Augen und Ohren ab und hielt mich gefangen. Dieses gleichförmige stampfende Sichbewegen und Singen in dieser Kulisse hatten etwas eindringlich Tranceartiges, Mitreißendes. (Auch hier sind die Bilder und Videos viel aussagefähiger als alle Worte.)

Dann führte uns der Chief ins Dorfinnere zu den Rundhäusern der Bewohner und in das Innere eines dieser nur von den Frauen erbauten Gebäude. Dunkelheit umgab uns. Nur durch die Öffnung nach oben, die gleichzeitig Rauchabzug der Kochstelle war, drang Tageslicht. Er wies uns Sitzplätze zu und erklärte uns dabei, welche

Familienmitglieder wo sitzen bzw. schlafen. Sehr eng alles und unmittelbar daneben auch noch ein Verschlag für Jungtiere ... alles sehr befremdlich, aber beeindruckend und interessant. Dann ging es vorbei an anderen Häusern mit davorstehenden jungen Frauen, teils mit Kleinkindern auf dem Arm, etwas abseits zu einem größeren, aber recht maroden Gebäude. Das war die Schule. Zehn, zwölf Kinder saßen darin. Frontal an der Wandtafel stand eine größere Schülerin mit Zeigestock. Die Tafel war voll mit Zahlen, geordnet von eins und 100, und deren Benennungen in englischer Sprache beschrieben. Die »Lehrerin« – eine ältere Schülerin – zeigte mit dem Stab auf diese und die Schüler riefen lautstark die englischen Bezeichnungen. Die richtige Lehrerin saß etwas abseits bei den anderen Kindern, die wohl alle so zwischen fünf und acht Jahre alt waren. Wir hatten Stifte, Malhefte und Zeichenutensilien als kleine Gastgeschenke mitgebracht und wollten sie vergeben. Der Chief wies uns aber ab und nahm diese Sachen erst am Ende bei der Verabschiedung selbst in Empfang.

Dann führten die jungen Männer in einem Kreis aufgestellt noch einen Tanz auf, bei dem ab und an einer in die Mitte trat und sich mit beiden Beinen abdrückend, so hoch wie möglich sprang. Auch wenn man das aus Filmdokumentationen kannte, das unmittelbare Erleben beeindruckt weit stärker. Nicht nur diese kraftsportliche Anstrengung, sondern auch die bunten, weiten Gewänder, deren Farbgebung etwas über das Alter und die Rangordnung aussagt, erfreute und fesselte uns erneut. Einfach faszinierend!

Zum Schluss konnten wir noch kleinere Souvenirs erwerben, die massenweise an dem inneren Zaun aus Baum-Stöcken aufgereiht waren. Alle selbst gefertigt von den Frauen des Dorfes. Zum Schutz vor Raubtieren waren die Tiere ganz im Inneren untergebracht. Jetzt waren sie auf der Weide und wurden von größeren Kindern gehütet und beaufsichtigt. Auf die Frage an den Chief, ob er Lanze mit den extrem scharfen Kanten, die er stets bei sich trug, auch schon eingesetzt habe, bejahte er. Es tauchen ab und an neugierige oder hungrige Löwen auf, weshalb die Jungtiere und auch die alten Rinder, deren Blut neben Milch ein Hauptnahrungsmittel für die Menschen ist, nachts geschützt werden müssen.

Gibt es so was wie eine Quintessenz aus der beschriebenen Reisetätigkeit?

Ja, schon. Die Welt heute ist ja viel »kleiner« geworden als vor hundert Jahren. Per Flieger erreicht man in zwölf oder vierzehn Stunden fast alle entlegenen interessanten Gebiete in allen Himmelsrichtungen. Die Medien vermitteln umfangreiche

Informationen und Dokumentationen aus aller Welt. Diese Sekundärerfahrungen – wenn man das überhaupt Erfahrungen nennen darf – prägen unser Bild von der Welt weitestgehend. Man kann ja auch nicht überall selbst sein. Jedoch sollten wir uns bewusst sein, dass die interessenbezogene Auswahl der Sender bzw. Berichterstatter selten die Realität adäquat widerspiegelt. Sich ein eigenes Bild vor Ort zu machen, persönliche Erfahrungen, eigenes Erleben, ist eine ganz andere Sache. In dem Wort »Erfahrung« steckt »fahren« drin, sich hinbegeben. Meine gemachten bescheidenen Primärerfahrungen haben nicht nur meinen Wissenshorizont erweitert, sondern sie beeinflussen meine Verhaltensweisen gegenüber Mensch und Natur dauerhaft. Der direkte Anblick der Dickhäuter, das nicht endende Gerenne einer Ameisenstraße, das Durchpirschen des tropischen Dschungels – das hat etwas mit mir gemacht, was auch den Spatz in meinem Vorgarten und die Distel hinter meinem Komposthaufen betrifft.

Wir sollten mit unseren diesbezüglichen Urteilen vorsichtig sein – besonders wenn man das Denken und Handeln der Menschen, die in anderen Kulturkreisen beheimatet sind, achten und verstehen will. Das betrifft das Verständnis von Natur und Umwelt und letztendlich sogar von Politik. Bei Letzterem ist es wohl am schwierigsten für uns normale Bürger und besonders anspruchsvoll für unsere Politiker und deren Interessen.

Musik gehört zu meinem Leben

Seit Gedenken stand im Wohnzimmer der Großeltern mütterlicherseits, das wirklich als »gute Stube« viel weniger genutzt wurde als die Wohnküche, ein Klavier der Marke Schimmel. Der Opa saß mehr oder weniger regelmäßig daran und spielte zu seinem Vergnügen – bevorzugt Schumann und Beethoven – oder übte für Chorproben des gemischten Gemeindechores oder für Vertretungen des Kantors der Dorfkirche. Die Mutter sang im Chor den ersten Sopran und so manches Solostück bei den jährlich stattfindenden öffentlichen Auftritten.

Neugierig lauschte ich öfter auf dem Sofa in der Küche den wohligen Tönen, die mal laut und volltönend, mal leise und zart durch Tür und Wand drangen. Noch vor meinem Schuleintritt beschloss Opa, mich zu unterrichten. Auch ich wollte aus meinem vielfachen spontanen »Geklimpere« auf den vielen weißen und schwarzen Tasten wohlklingende Melodien werden lassen. Erwartungsvoll, ja aufgeregt ging ich ans Werk. Jedoch reine Freude wurde es von Anfang an nicht. Ich tat mich sofort schwer mit der strengen Unterrichtsführung des sonst so sanftmütigen Opas und beim Üben zwischen dem Unterrichtstagen war immer jemand als Zuhörer zugegen und wurde Zeuge meiner krampfhaften aber wenig erfolgreichen Bemühungen. So ging ich nach der Anfangseuphorie der ersten Wochen zunehmend mit bangen Gefühlen zur nächsten Stunde zum Vorspiel des Geübten und zum Weiterlernen. Auch die von den beiden Frauen initiierte »Gute-Laune-Zigarre« für Opa half nicht darüber hinweg, dass nach etlichen Monaten die allseitige Einsicht aufkam, dass ich wohl nicht das erhoffte Talent mitbrachte. Heute, mit Abstand betrachtet, kann ich sagen, dass die mit Strenge geführte althergebrachte Lehrmethode immer öfter zu Tränenausbrüchen und letztendlich zur Verweigerung und zum allseits bedauerlichen Ende des Vorhabens führten. Dabei war mein Interesse an Musik insgesamt wie auch an dem Instrument weiterhin groß. Ich hatte es sogar in einer der wenigen Stunden, in denen ich mal allein in der Wohnung war, das Klavier auf sein Innenleben hin intensiv untersucht und dazu leicht auseinandergenommen. Musik gehörte jederzeit weiterhin zu meinen Lieblingsbeschäftigungen und blieb es auch.

Im Musikunterricht in der Schule hatte ich den Vorteil, dass ich schon Noten lesen konnte, als die anderen Schüler es lernen mussten. Der Musiklehrer schickte mich sogar zu Beginn der Stunde nach Hause mit den Worten: »Du kannst das schon, brauchst nicht dazubleiben.« Freudig überrascht und mit Stolz und von den anderen Schülern beneidet, packte ich schnell meine Sachen und verschwand.

Jahre später kam ich bei Einkäufen und Stadtbummel in Zwickau nie an dem Musikaliengeschäft vorbei, in dem ein großes Schallplattenangebot lockte. An einem Tresen mit vier, fünf hohen Hockern und mit Kopfhörern ausgestattet, konnte man »reinhören«. In reinstem Stereo erklangen dort jegliche Wunschmelodien, die man beim Personal bestelle. Meine Lieblingsplatte wurde Tschaikowskis Klavierkonzert in b-Moll, gespielt von S. Richter, aufgenommen 1971. Besonders der zweite Satz hatte es mir angetan. Irgendwann waren die 12,10 Mark aufgetrieben und die Platte wurde meine. Ein einfacher Plattenspieler und sogar ein großes Röhren-Tonbandgerät gehörten inzwischen zu meinen unerlässlichen »Arbeitsgeräten« in der Freizeit.

Mehrere meiner Mitschüler in den neunten bis zwölften Klassen spielten Gitarre, einer Schlagzeug – eine kleine Freizeit-Band etablierte sich. Ich bereute zum ersten Male, dass ich nicht am Klavier »mitmischen« konnte, fühlte mich denen aber immer nah. Zu Hause jedoch wurde mitgeschnitten, überspielt und neu zusammengemixt. Neben den »Eigenkompositionen« und Nachspielversuchen der Mitschüler waren es natürlich die damaligen Hits der Beatles, Stones, Smokies und vieler anderer Solisten.

In der elften Klasse war Tanzstunde angesagt. Die meisten Mitschüler machten zu dieser Zeit – Ende der 60iger Jahre – enthusiastisch mit. Ich natürlich auch. Ich durfte sogar einen zweien Kurs besuchen, weil Jungen fehlten, »musste« dafür aber mit meiner Partnerin Vorstand »spielen«. Die Tanzlehrerin Frau Müller war ganz und gar von altem Stil. Meine Mutter kannte sie noch von ihrer Tanzstundenzeit, was man der Dame aber vom Äußeren und ihrer Unterrichtsführung her nicht ansah und anmerkte. Jedoch wurden nicht nur Tänze streng eingeübt, sondern es gab auch »Anstandsunterricht«: wie man sich bewegt, verbeugt, bei Tisch benimmt – ja es gab Essenspausen, die genau unter Beobachtung standen.

Traditionsgemäß wurde ein Zwischen- und ein Abschlussball im großen Saal mit großer Bühne und großer Tanzkapelle vorbereitet und zelebriert. Zur Probe der Polonaise vor dem Zwischenball – meine Partnerin und ich führten neben Frau Müller die lange Reihe der Paare an, riss deren lange Perlenkette und gefühlte tausend weiße Kügelchen kullerten weit verstreut übers Parkett. Nach der Schrecksekunde ging es ans Einsammeln und alle waren froh, dass dies nicht zum Ball im vollbesetzten Saal geschehen war.

Meine Plattensammlung hat sich im Laufe der Zeit auf annähernd 200 erweitert. Ebenso viele CDs und DVDs stehen noch heute im Schrank des Arbeitszimmers und einen Plattenspieler gibt es auch wieder. Wenn die gewisse Nostalgiestimmung aufkommt – meist im Winter, wenn der Stubenzwang wegen schlechten Wetters groß ist – wird die eine oder andere Platte aufgelegt und in Erinnerungen geschwelgt.

Unvergesslich bleibt die Erinnerung an einen solchen Abend noch in den 80iger Jahren. Ich war allein zu Hause, lag auf dem Sofa und lauschte meiner Lieblingsplatte, eben dem Tschaikowski. Auf dem Tisch stand ein alter dreiarmiger metallener Leuchter. Das Licht der drei Kerzen geleitete mich in die Abenddämmerung. Der zweite Satz näherte sich langsam seinem Ende. Eine völlig entspannte Stimmung von Körper du Geist durchdrang mich. Genüsslich lauschte ich den Klängen ohne Wahrnehmung von Raum und Zeit. Und mit dem langsamen Ausklingen des Satzes verloschen seltsamerweise ebenso langsam alle drei Kerzen. Das aktivierte meine Sinne wieder und ließ mich erschrecken. Ich erhob mich zum Sitz und schaute mich leicht verwirrt um. Niemand im Raum. Ganz eigenartig. Wer hat die Kerzen so synchron zur Musik ausgepustet? Unheimlich. Ich spürte etwas, das ich nicht näher beschreiben konnte und bis heute nicht kann ...

Ähnliche Gefühle schleichen sich noch heute bei mir ein, wenn ich in Sinfoniekonzerten im Theater auf meinem Sitz im Rang Reihe fünf entspannt mit geschlossenen Augen den Klängen lausche. Das kommt zwar nicht allzu oft vor, aber das monatliche Live-Erlebnis durch das Abo-Konzertanrecht verhalf mir und auch meiner Frau schon mehrfach zu diesem Gefühl des »Ganz-bei-sich-seins«, der völligen Abwesenheit von Raum und Zeit. Erst die einsetzenden Beifallsbekundungen holen mich dann zurück in die Gegenwart.

Auch mein Alltag heute beginnt mit Musik. Der zweite Griff morgens – nach dem zur Kaffeemaschine – ist der zur HiFi-Anlage. Die Senderwahl ist unterschiedlich. Mal ist es der regionale Sender, mal ist es »leichte Muse«, mal Klassik, je nach momentaner Bedürfnislage. Mit Musik geht alles besser – wie abgedroschen, aber wahr. Schließlich habe ich ja durch Musik und Tanz meine Frau kennengelernt. Und wir tanzen noch heute, nach über 50 Jahren, gemeinsam durchs Leben. Und übrigens: Unsere Tochter hat die vollen zehn Jahre Gitarrenunterricht in der städtischen Musikschule erfolgreich absolviert. Unser Sohn versuchte sich ähnlich wie ich am Klavier, bei einem Privatlehrer, mit ähnlich geringen Erfolgen wie ich. Jedoch:

Nach der Wende, als die vielen modernen Musikinstrumente bei uns in den Läden greifbar wurden, reizte es mich nochmals, den Tasten wohlklingende Töne zu entlocken. Mittels der modernen Instrumente war das nicht vergleichbar mit einem »einfachen« Klavier. Ein Jamaha-Keybord zierte eines Tages eine Wohnzimmerecke. Die vielen Effekte waren relativ leicht per Knopfdruck und Schieberegler zu erzeugen und bisschen Melodie konnten wir beide noch dahinklimpern. Doch mir reichte das sehr bald nicht. So nahm ich nochmals privaten Unterricht bei einer ehemaligen Musik-Dozentin, einer ganz netten sehr alten Dame. Sie half mir soweit, dass ich wenigsten die gängigen Weihnachtslieder und ein paar andere einfache klassische Stücke mit Mühe spielen konnte. Und sie gab mir die Grundkenntnisse in Harmonielehre mit, so dass ich schon mal eine kleine Melodie mit den entsprechenden Dreiklängen und auch in verschiedenen Tonarten »zusammenbasteln« konnte. Leider ist diese Dame dann weggezogen und damit war das Kapitel auch beendet. Sie hat aber durch ihre feinsinnige Art und Weise des Umgangs mit Musik und mir dazu beigetragen, dass auch sehr einfach strukturierte Musik tief ins Innere gehen und so Emotionen ganz unterschiedlicher Art und Weise erzeugen kann. Ja bei dieser bejahrten Frau spürte ich, dass Musik sogar heilen kann.

Noch heute kann ich schwer an einem Klavier vorbei gehen, wo immer es steht, ohne ein paar Tasten anzuschlagen. In unserer Dorfkirche steht ein altes Harmonium, dem ich auch bei jeder passenden Gelegenheit – ich bin Vorsitzender des hiesigen Kirchbauvereins – ein paar Klänge entlocke.

Mein geheimster Wunsch war ja schon immer, sich einfach so an ein Instrument setzen zu können und nach Herzenslust und Laune zu spielen, vor sich hin zu improvisieren, sich auszudrücken. Ganz hat es dazu nicht gereicht, aber ansatzweise schon. Und wenig ist mehr als nichts, oder?

Reflexionen/Resümees

Wie hältst du es mit der Religion?

»Was das Christentum über die Jahrhunderte durch Abwertung und
Verleumdung an Schuld auf sich geladen hat, ist schier unermesslich.«

Georg Bätzing,
Vorsitzender der Deutschen Bischofskonferenz

Ich bin in meinem Elternhaus, vorwiegend von meiner Mutter, an den christlichen
Glauben herangeführt worden. Schon als kleiner Junge gab es im Bett vor dem Ein-
schlafen ein »Vater unser« mit anschließenden Bitten für das Wohlergehen aller
Familienmitglieder. Hatte ich größere Probleme, kleine »Unglücke«, habe ich Gott
um Hilfe gebeten und diese dann auch gespürt, das heißt, alles Schlimme wurde
wieder gut.

Der Kindergottesdienst in der Kirche war vorwiegend von lustigen Begebenheiten
und Geschichten geprägt, die uns der warmherzige Kantor erzählte und mit kleinen
Filmen spannend untermalte. Immer kurz vor den großen Ferien gab es die mehr-
teilige Serie »Die Jungen von der Feuerburg«.

Der anschließende Konfirmandenunterricht war schon weniger lustig. Ein kühl
wirkender, großer, hagerer Herr mit harten Gesichtszügen, unser Pfarrer, flößte uns
spätestens vor der abschließenden Prüfung regelrecht Angst ein. Wir hatten aus-
wendig Gelerntes herunterzubeten und Fragen zu beantworten, deren tiefen Sinn
wir nicht verstanden.

In meiner Schulklasse war der Sohn des Pfarrers. Er hat am selben Tag Geburtstag
wie ich. Ein ruhiger, fast scheuer Junge. Wir freundeten uns ein wenig an und eines
Tages nahm er mich mit zu sich nach Hause. Gespannt und interessiert inspizierte
ich die völlig anders als erwartet eingerichtete Wohnung. Besonders das halbauto-
matische Klavier im Konfirmandensaal weckte mein Interesse, versuchte doch mein
Opa bereits seit meinem ersten Schuljahr, mich mit Klavierunterricht an die Musik
heranzuführen. Dann erschien plötzlich der Vater im Raum. Er begrüßte uns lä-
chelnd. Aber es war ein kaltes Lächeln und ich sah auch zwischen Vater und Sohn
kein inniges Verhältnis, wie ich es von zu Hause kannte. Nach der überstandenen
Konfirmation riss mein Kontakt zur Kirche weitestgehend ab. Zu Hause blieb alles

beim Alten und mehrfach war Gott im Spiel, jeden Abend und besonders, wenn es Probleme gab. Unser Glaube an Gott und Jesus war so selbstverständlich, wie uns ihre Hilfe gewiss war.

An dieser Grundhaltung änderte sich mein gesamtes Leben lang nichts. Nur wurde der Gott, vermittelt als personifizierte Übermacht, immer fragwürdiger, je älter und erfahrener ich wurde. Mag der große Mann mit Rauschebart im Himmel sitzend auf Kinder Eindruck machen, bei mir schwand dieses Verständnis mit den Jahren. Heute brauche ich diese Personifizierung nicht mehr. Heute ist für mich Gott Geist und eine unsichtbare Energie. Sein Sohn Jesus stellt die Verbindung zu meiner Erfahrungswelt her und ist Vorbild und Leitfigur für meine Religiosität. Und alles, was ich an Kenntnissen und Erfahrungen dazugewonnen habe, bereitet mir immer öfter Probleme mit den sogenannten Vertretern Gottes auf Erden, die sich in der Amtskirche selbst sehr wichtig nehmen. Das beginnt beim Papst und seinen Vasallen und endet beim Dorfpfarrer und einigen seiner Gemeindekirchenratsmitglieder.

Als Vorsitzender eines Kirchbauvereins bekam ich etwas tieferen Einblick in diese Strukturen. Daraufhin habe ich nicht nur dieses Amt aufgegeben, sondern es entstanden auch Zweifel an meiner Mitgliedschaft in dieser Kirche. Und als ich mich damit ein wenig intensiver beschäftigte, stellte ich fest, dass ich nicht allein war mit meinen Zweifeln und meiner Kritik. Der Versuch, in einem konstruktiven Diskurs mit meinem Pfarrer zu kommunizieren, scheiterte kläglich. Kirchliche Würdenträger sind von Haus aus kaum kritik- oder gar korrekturfähig. Das zeigt deren gesamte Geschichte. Erst wenn Probleme oder Fehler ganz und gar nicht mehr zu leugnen sind, wird versucht, sie still und heimlich ad acta zu legen. Echte Vergangenheitsbewältigung ist kaum vorzuweisen. So wird auch in der Gegenwart im Großen wie im Kleinen verfahren. Dass in den letzten Jahren jährlich über 200 000 Mitglieder jeweils beider großen Kirchen aus dieser Institution ausgetreten sind, wird weder problematisiert noch analysiert geschweige denn ernsthaft und konstruktiv verarbeitet.

Wenn unser, mein Pfarrer aufgrund der wenigen Teilnehmer am sonntäglichen Gottesdienst klagend feststellt, dass Kirche mehr als Gottesdienste sei, so füge ich für mich hinzu: Glaube ist mehr als Kirche.

Die Kirche der Gegenwart hat gleich drei große Probleme: die veralteten, starren Strukturen, die eigene Relevanz zum Beispiel betreffs der Kirchensteuer und das Kommunikationsproblem, sich in einem Jargon der Betroffenheit (Erik Flügge) zu fühlen und zu äußern.

Meinen Glaube an das Göttliche und an Jesus Christus nimmt mir keiner, ohne die

Institution Kirche könnte ich leben. Denn meine Kritik heißt ja nicht, dass ich die Gemeinschaft der gläubigen Menschen missachte. Mir ist der Glaube jeder Person heilig. Und mit dieser Haltung könnte ich nicht nur gut leben, sondern ich fühle mich auch in großer Gemeinschaft mit vielen. Ich stehe dem Pantheismus nahe, wie er unter anderem bei Kant und Goethe deutlich wird. Ich habe mich etwas mit dem Buddhismus beschäftigt und bin eng mit einer hinduistischen afghanischen Familie befreundet.

Eine Bertelsmann-Stiftung-Studie hat vor etlichen Jahren Untersuchungsergebnisse veröffentlicht: Circa 75 Prozent aller Deutschen bezeichnen sich als religiös, nur reichlich 50 Prozent sind Mitglieder der Kirche und nur sieben Prozent gehen regelmäßig in den Gottesdienst. Ganz neue Umfragen ergaben, dass nur noch zwölf Prozent der Katholiken Vertrauen in ihre Kirche haben.

Wenn die Entwicklung so weitergehe, verkämen die Kirchen zu relativ bedeutungslosen Sekten, schrieb der Kölner Kirchenhistoriker Hubert Wolf vor nicht allzu langer Zeit. Ergreift diese Tendenz der katholischen Kirche auch meine evangelische, dann bin ich dort endgültig weg. Das ist mit meinem christlichen Verständnis dann nicht mehr vereinbar. Möge es nicht so weit kommen.

Glaube und Kirche

**Das christliche Leben ist nicht Frommsein,
sondern Frommwerden,
nicht Gesundsein, sondern Gesundwerden,
nicht Sein, sondern Werden,
nicht Ruhe, sondern eine Übung.**

**Wir sind's noch nicht, wir werden's aber.
Es ist noch nicht getan und geschehen,
es ist aber im Gang und im Schwang.
Es ist nicht das Ende, es ist aber der Wege.**

Martin Luther

Schön wärs, allein mir fehlt der Glaube.

Schon längere Zeit mache ich mir ernsthafte Gedanken, wie ich meinen christlichen Glauben mit dem in Übereinstimmung bringen kann, was ich im Kleinen in meiner Kirchgemeinde erlebe und im Großen von beiden deutschen Kirchen höre und lese. Letzteres eskaliert in diesen Tagen. Unerträglich ist mir der immer offensichtlicher werdende und schon Jahrzehnte schwelende Skandal um sexuellen Missbrauch Minderjähriger – nicht nur in der katholischen, sondern auch in meiner evangelischen Kirche. In einem Interview vom 4.8.2021 des Magazins Panorama mit einem Betroffenen, betitelt mit »Wir waren Freiwild …«, wird aufgezeigt, mit welcher menschenunwürdigen Art und Weise sexuelle und körperliche Gewalt auch in der evangelischen Kirche ausgeübt wurde. Und das war kein Einzelfall, über 500 Opfer meldeten sich allein in einem katholischen Bistum, um die 1 000 sind in der evangelischen Kirche Deutschlands bekannt. Man ist sich weitestgehend einig, dass dies nur die »Spitze des Eisbergs« ist. Jahrzehnte mussten vergehen, um diese schrecklichen Dinge ans Tageslicht zu bringen, wohl weil die Opfer erst jetzt darüber reden können. Ein echter Wille zur Aufarbeitung und das Eingeständnis von großer Schuld fehlen bis heute. Sogar der emeritierte Papst lügt offensichtlich nach Aussage und Aktenlage neuester Expertenuntersuchungen. Nicht die versuchte Wiedergut-machung gegenüber den vielen Opfern stand und steht im Mittelpunkt, sondern die Verschleierung und Leugnung der Straftaten und der Schutz der Täter. Wer soll da den Beteuerungen zur Suche nach präventiven Maßnahmen der Kirchenfürsten Glauben schenken?

Wer kennt die Liste der »15 Krankheiten der Kurie« von Papst Franziskus und wie wird damit umgegangen? Wie werden die kirchlich geprägten Begriffe Schuld und Sühne, Demut, Empathie mit den Armen und Kranken in der Praxis gehandhabt?

Außer schönen Worten und Absichtserklärungen hat sich jahrzehntelang prak-tisch kaum etwas getan – fragt die Opfer!

Hoffnung auf eine echte Aufarbeitung kann hier nur aufkommen, wenn alle rechts-staatlichen Mittel angewandt werden und das Strafrecht greift. Eine innerkirchliche Aufarbeitung ist bisher kläglich gescheitert und kann auch nicht gelingen. Ich kann diese Haltung bedeutender kirchlicher Amtsträger nicht mit meinem christlichen Menschenbild in Übereinstimmung bringen und viele Tausend Gläubige auch nicht. Sie verlassen scharenweise beide kirchlichen Institutionen. Aber selbst darüber gehen die Verantwortlichen hinweg, vielleicht ist ihnen ein kleiner Kreis sektiererisch Den-kender und Handelnder entgegenkommender als eine Kirche »fürs Volk«. Was würde wohl Jesus dazu sagen?

Es tut mir weh, dieses Versagen über viele Jahrzehnte und in der neuesten Gegen-wart eskalieren zu sehen.

Hinzu kommen meine negativen Erfahrungen im Rahmen meiner langjährigen ehrenamtlichen Vereinstätigkeit und mein Bemühen um Zusammenarbeit mit Pfarrern und Gemeindekirchenräten. Auch hier waren und sind die typischen Probleme der Kirche von heute – und von gestern – zu spüren.

In mir festigt sich die Überzeugung, dass Glaube mehr ist als die Institution Kirche.

Der Verlust der Eltern

Neben meinem Schreibtisch lehnen vier kleine Bilder an der Wand: meine Eltern, auf vergilbtem Fotopapier, fotografiert vor vielen Jahrzehnten. Das erste und älteste am Lieblingsurlaubsort der Familie; im zweiten sitzen die beiden auf Sofa und Sessel zu Besuch in unserem Haus; das dritte zeigt die beiden in der weißen Kutsche zur Goldenen Hochzeit und letztendlich sehe ich ihre Grabstätte. Diese Bilder erzählen jeden Tag, an dem ich vor dem PC sitze, kleine Geschichten. Es sind beste Erinnerungen an familiäres Zusammenleben, weniger an Tod, wissend, dass Leben in gewisser Weise immer endlich ist und doch auch weitergeht.

Der Toten gedenken heißt für mich auch immer Selbstreflexion. Mein Leben ist selbstverständlich untrennbar mit meiner Familie verbunden, in der ich aufgewachsen bin. Und eines Tages werden vielleicht Menschen meines Todes gedenken, in welcher Art und Weise auch immer.

Vater und Mutter hatten selbst ein entbehrungsreiches Leben in der Kriegs- und Nachkriegszeit zu meistern, aber sie haben ihren beiden Kindern alles erdenklich Gute zukommen lassen, um deren Leben besser, reicher als ihr eigenes zu gestalten. Reicher nicht in erster Linie materiell und finanziell orientiert, sondern mit menschlichen Attributen verbunden wie gebildet, selbstbestimmt, bescheiden, empathisch, sozial engagiert. Das führte meinerseits nicht zuletzt zu einer Vorbildfunktion den eigenen Kindern gegenüber. Ich erkannte, dass die Basis von all dem die entscheidenden fünf Buchstaben sind: LIEBE.

Mit zunehmendem Alter meiner Eltern stand ich ihrem drohenden Tod machtlos gegenüber. Angst vor dem Verlust der elementarsten menschlichen Beziehung befiel mich mehrfach. Eine Ahnung sagte mir, der Tod meiner Mutter würde das schlimmste Ereignis in meinem Leben werden. Wir beide hatten eine innige

Beziehung, die nach dem Verlassen des Elternhauses nicht abriss: Armee, Studium, neue Heimat und eigene Familie fernab. Wir mussten auch nicht besonders intensiv miteinander kommunizieren, keine stundenlangen Telefongespräche waren nötig. Die innere Verbundenheit war permanent vorhanden. Manchmal, wenn das Telefon klingelte, wusste ich schon vor dem Abnehmen, dass sie es war, obwohl es nicht vorher abgesprochen war. Die letzten Besuche meiner Eltern in unserem Haus auf dem Lande ließen bei mir Zweifel aufkommen, ob mein Verhalten über die vielen Jahrzehnte ihnen gegenüber angemessen war. Hatte ich sie nicht zu wenig eingebunden in unser eigenständiges familiäres Leben? Mein letztes »geistiges Bild« ist, wie Mutter im Liegestuhl in unserem Garten etwas abseits unter der großen Weide liegt und Ruhe genießend Zufriedenheit ausstrahlt. War dem wirklich so? Hätte ich nicht hingehen und sie dankend liebkosen sollen, für all ihre Mühen mit mir?

Oftmals gab es Andeutungen ihrer Sorgen um uns. Meist besänftigte ich und wollte nicht, dass die Eltern, die selbst mit sich und ihrer Gesundheit Probleme hatten, auch noch meine, unsere Problemchen und Schwierigkeiten, die es natürlich gab, belasteten. So war einerseits immer ein ziemlich großer Abstand gewahrt, der schon räumlich begründet war, aber andererseits eine innere Verbundenheit vorhanden. Aber selbst die räumliche Entfernung scheute sie nicht generell. Als ich an einem meiner ersten Schultage als frischgebackener Lehrer in einer Pause die Tür des Klassenzimmers öffnete, stand die Mutter für mich völlig überraschend im Gang. Sie hatte wohl gelauscht und wollte sich überzeugen, wie mein Berufsstart gelang.

Der Tod ereilte die Mutter relativ unangekündigt kurz nach ihrem 85. Geburtstag in einer Form, die meine schlimmen Befürchtungen nicht bestätigte. Nach einem Schlaganfall wurde sie bewusstlos ins Krankenhaus gebracht und ihr Körper kämpfte noch etliche Tage gegen den vollständigen Tod. So konnten wir, ihre Familie, Abschied von ihr nehmen, sie noch atmen sehen, aber wissend, dass sie uns und die Welt nicht mehr wahrnahm, keine Schmerzen hatte und auch dies bald ein Ende haben würde. Die Ärzte hatten Verständnis für die Situation und unternahmen nichts, sondern ließen der Natur ihren Lauf. Der zweite Abschied auf der Totenbahre war härter. Ich hatte noch nie eine tote Person gesehen. Gesichtsausdruck und -farbe brannten sich in diesem Moment tief in mich ein. Still und machtlos saßen wir da und konnten es nicht fassen. Alles Leben war aus dem Körper entwichen. Vater legte vorm Rausgehen ganz zaghaft seine Hand auf ihre Stirn. Die letzte Geste für sie. Beim Aufsteigen aus den Kellerräumen geschah ein kleines Wunder. Uns emp-fing strahlend blauer Himmel, die Glocken läuteten, der Notdienst-Hubschrauber landete unweit auf dem Krankenhausgelände. Ich atmete mehrmals tief durch und die innere Anspannung löste sich langsam. Es war wie eine Erlösung. Ich spürte eine Kraft über uns, die mir einflüsterte: Alles ist gut.

Anders verlief Vaters Ende.

Vater laborierte schon etliche Jahre so dahin. Es begann mit einem geplatzten Aneurysma, das schnell und gut behandelt werden konnte. Vorher gab es schon Herzschrittmacher und danach eine Herzinnenwandentzündung mit starker Beein-trächtigung einer Herzklappe. Die Operation am offenen Herzen in Leipzig gelang, aber sein Allgemeinzustand war nicht mehr gut. Nach dem Tod der Mutter versorgte mein Bruder Steffen ihn, der Pflegedienst kam auch, um ihn zu Baden. Letztend-lich brachte Vater eine Lungenentzündung ins Krankenhaus, von der er sich nicht mehr erholte. Zu schwach war sein Allgemeinzustand. Letzte Möglichkeit, diesen Zustand noch etwas zu verlängern, war die Anlage einer künstlichen Ernährung. Bei unserem Besuch im Krankenhaus erkannte Vater mich kaum noch und es folgte ein langes und mich sehr belastendes Gespräch mit dem Chefarzt. Dieser erklärte uns die theoretische Möglichkeit anschaulich, denn sie war mit ziemlichem Aufwand und Leidensdruck für Vater verbunden – und es wäre nur eine etwas lebensverlängernde Leidensphase. Zustimmen zu diesem Eingriff müssten mein Bruder Steffen und ich. Jetzt stand die schwierigste Entscheidung meines bisherigen Lebens an. Wir hörten zuvor schon von der pflegenden Schwester, dass sie das nicht machen würde und erstaunt war, dass diese Möglichkeit überhaupt in Betracht gezogen wurde . Der Chefarzt verhielt sich sehr akkurat, ließ aber auf mein Drängen auch durchblicken, dass das nicht angemessen wäre. Nur Steffen beharrte felsenfest darauf mit dem Argument, den Vater doch nicht verhungern lassen zu können. Die Antwort des Arztes, dass er sowieso sterben würde, ignorierte er. Heidrun versuchte es mit der Vermutung, wie wohl unsere Mutter entscheiden würde. Auch das beeindruckte ihn nicht. Da hatten wir beide die Dokumente zur Unterschrift vor uns liegen und ich war völlig überfordert. Mein Gefühl sagte mir, ihm das ersparen zu sollen, was auch seitens des Chefarztes und Heidruns bestätigt wurde. Andererseits wollte ich den Zwiespalt, der durch meine Verweigerung entstanden wäre und wohl zum Bruch mit Steffen geführt hätte, vermeiden. Wie in Trance unterschrieb ich gegen meine innere Stimme und bereute es im selben Moment. Meinen Zustand erkannte der Arzt. Er verwies darauf, dass die Aktion am Montag durchgeführt werden könnte. Es war Freitag, also noch Zeit. Dabei blinzelte und zwinkerte er mir zu – ich war fix und alle. Beim Rausgehen, vorbei an Vaters Zimmer, überkam mich ein böses Gefühl. Meine Beine trugen mich vorbei zum Ausgang, Steffen monierte noch das ganze Prozedere, das ich eingeleitet hatte, indem ich den Chefarzt sprechen wollte – jedoch tief in mir war ich an Vaters Bett. Leider besaß ich nicht die Kraft zur Realisierung. Ich werfe mir heute noch vor, nicht bei ihm sitzen geblieben zu sein, da sein Ende absehbar war.

In der kommenden Nacht wachte ich gegen ein Uhr auf, war hellwach und sah meinen Vater in der Klinik, halb lebend und halb tot. Zehn Minuten später klingelte das Telefon. Ich wusste sofort, was passiert war. Heidrun ging ans Telefon. Steffen teilte uns mit, dass er eben angerufen worden und Vater verstorben war. Wir standen auf, zündeten eine Kerze an und frühstückten. Eine innere Erleichterung machte sich in mir breit. Ich dankte Gott mehrfach für diesen Verlauf der Dinge und bedankte mich am nächsten Tag auch in einem kurzen Brief an den einfühlsamen Chefarzt, der sich trotz mehrfachen Telefonklingelns während des längeren Gespräches die Zeit und das Verständnis nahm, uns zur Seite zu stehen.

Im Nachhinein kam noch mehrfach der Gedanke bei mir hoch, was gewesen wäre, wenn die künstliche Ernährung eingeleitet worden wäre ...

Nicht das erste Mal in meinem Leben hatte eine höhere Instanz und wohl auch einfühlsames Fachpersonal entschieden. Das, was manche Menschen Zufall und andere Schicksal nennen, ist für mich eine geistige, energetische Kraft, die man richtig spüren kann, wenn man sich dafür öffnet und sich darauf einlässt. Sogar kommunizieren kann man mit ihr, ich habe es erlebt. Sie steht über uns und entscheidet angemessen. Wir haben nicht alles in unseren Händen.

Ich nenne sie »das Göttliche« ...

Leben und Tod

Mit siebzig Jahren stellt man sich so manche Fragen, die in eine persönlich überschaubare Zukunft reichen. Was bleibt nach meinem Tod? Gibt es so etwas wie die Unsterblichkeit (der Seele)?

Nüchtern betrachtet sind es zwei Dinge, die einem jeden mehr oder weniger bleiben: Man »lebt weiter« in seinen Kindern – sofern man welche hat – und in all dem, was man im Laufe seines Lebens getan, geschaffen, vermittelt hat, das betrifft das gesamte Umfeld. Insofern liegt schon Wahrheit in der Annahme von der Unsterblichkeit. Denn ein jeder hat im Laufe seines Lebens »Dinge« in die Gemeinschaft menschlicher Zivilisation eingebracht, sei es im Beruf, in der Freizeit, in ehrenamtlichen Engagements, in ganz persönlichen Kontakten mit Freunden und Bekannten. Der Mensch lebt ja nicht für sich allein. In der Gemeinschaft manifestiert sich sein konkretes Tun. Das entworfene Haus eines Architekten genauso wie die Arbeit der Erbauer, das Buch eines Schriftstellers oder auch »nur« Gespräche über Gott und die Welt hinterlassen mehr oder weniger bleibende Eindrücke und beeinflussen unser Tun und Lassen, ohne dass wir dies immer so direkt wahrnähmen.

Mit unserem bisherigen physikalischen Verständnis gilt ja der Energieerhaltungssatz, dass Energie nicht verloren gehen kann, sondern nur umgewandelt wird. Wenn wir davon ausgehen, dass unser Leben grundlegend von energetischen Vorgängen in unserem Körper abhängt – Ströme fließen –, so ist die Frage zu beantworten, wohin die Energien gehen, wenn wir sterben. Energien, die wir als lebenserhaltend betrachten und die in EKG und EEG sichtbar werden. Erlöschen auf dem Bildschirm in den Intensivstationen diese Kontrollkurven und -spitzen, wird der Mensch für tot erklärt. Wie ist das mit dem Energieerhaltungssatz zu vereinbaren?

Geistes- und Sozialwissenschaftler werden oft gegenüber Naturwissenschaftlern und Technikern als Vertreter der sogenannten »brotlosen Kunst« belächelt. Das spitzt sich zu in der Gegenüberstellung von Materialisten und Idealisten. Dabei stehen bei beiden verabsolutiertes Wirken in der modernen zukunftsgerichteten Gesellschaftsanalyse unter wachsender kritischer Beobachtung. Zumal weil einige traditionelle Naturwissenschaftler bei ihrer Suche nach Antworten auf so grundsätzliche Fragen wie »Woher kommen wir?« und »Was ist eigentlich der Sinn unseres Daseins?« kaum befriedigende Antworten finden. Ja sogar die Erkenntnis reift, dass es Materie letztendlich gar nicht gibt – wer soll das noch verstehen? Aber diesbezüglich Forschende stellen immer öfter fest, mit dem alten Verständnis von zum Beispiel Physik nicht weiterzukommen (Hans-Peter Dürr und andere). Das tiefe menschliche Selbstverständnis zu erforschen, dient nicht dem Selbstzweck einiger »abgehobener« Philosophen, sondern sucht nach Antworten genau auf die sinnstiftenden, aber noch nicht klar beantworteten hier gestellten Fragen.

Demut

Ich reih mich ein in den naturgegeb'nen Lauf,
gönn Ruhe mir und all den meinen,
nehm nicht den Kraftverlust in Kauf,
der mir die Seele raubt, und dir, und auch den deinen.
Das Leben selbst entscheidet meine Wege.
Ich ahne sie und suche sie und nehme sie in Pflege.

Du schaffst es nicht, die großen hehren Ziele,
die neue Welt dir eigens zu gebären.
Es sind der Qualen viel zu viele,
lass jene unbekannten Kräfte still gewähren,
die wissen, was ins Lebensgleichgewicht gehört.
Sie schaffen das, was dir verwehrt ist – und auch mich empört.

Uns soll der Himmel sich auf Erden bald erschließen,
auf dass wir beid' hier finden uns'ren Platz,
inmitten wo die Blumen sprießen
und Bilder bunt mit Hund und Katz
die eig'ne Mitte jedem von uns weisen.
Und wo zwei Seelen dann gemeinsam kreisen.

Kraft tanken

Aus der Erfahrung gewaltiger menschlicher Schicksalsschläge wie schwerer persönlicher Verluste aufgrund von Naturkatastrophen oder anderen Unglücken kann man feststellen, dass Überlebende aussagen, sie hätten in ihrer Todesangst nur überlebt im festen Glauben an Gott und ihre Familie. Derartiges erkannte ich persönlich angesichts des Leides, das mein Großvater über sieben Jahre lang im sowjetischen Internierungslager Buchenwald und anderen derartigen Stätten durchgemacht hat. Er hat detaillierte Aufzeichnungen dazu gemacht. Es waren letztendlich genau diese beiden genannten Faktoren.

Sind das die tiefen Wurzeln unserer Existenz? Ist es das, was unser Leben lebenswert macht?

Ja, der Mensch lebt nicht nur für sich allein. Der Sinn seines Daseins erschließt sich erst in der Gemeinschaft. Welche Gemeinschaft?

Vielleicht gibt es zwei Einbettungen des Individuums in größere Zusammenhänge:

Die Ahnung, dass wir alle nicht »unser eigener Herr« über Leben und Tod sind, dass es über dem »Diesseits« ein »Jenseits« gibt, manche nennen es das »Göttliche«, ist weit verbreitet und für mich nachvollziehbar. Ich bezweifle allerdings den Glauben an einen personifizierten Gott, wie er größtenteils von den beiden großen deutschen Kirchen gelehrt und verehrt wird. Ich stehe hier eher dem Pantheismus nahe, wie ihn Spinoza, Goethe und andere vertreten haben. »Handfeste Götter« haben sich aller praktischen Erkenntnis zufolge die Menschen selbst geschaffen, um unfassbare Dinge und Erscheinungen in ihr Leben einzuordnen.

Kein Mensch weiß, wie dieses Jenseits wirklich aussieht, weil noch keiner es je wirklich erlebt hat. Nahtoderfahrungen sind mit Vorsicht zu genießen, sind aber real und ähneln sich in etlichen Aussagen sehr.

So beschränkt sich auch die Beschäftigung vieler Menschen mit dem Tod ab einem bestimmten Alter eher auf eine gewisse Angst vor einem langen Prozess des Sterbens als vor dem Tod selbst. Während bei Ersterem die Furcht vor Leid und Schmerz verständlich ist, scheint mir bei Letzterem eine gewisse Gelassenheit angeraten.

Kraft schöpfen kann ich diesbezüglich daraus, dass es letztendlich nicht in meiner Hand liegt, wann, wo und wie mein Leben ein Ende finden wird. Manche nennen es eben Gott, manche Schicksal und wieder andere Zufall.

Und zum anderen sind wir ganz greifbar und direkt unseren Nächsten verbunden, den Eltern, Kindern, weiteren Verwandten, Bekannten und Freunden, Nachbarn.

Je näher wir zueinanderstehen, umso mehr Willenskraft können wir in extremen Gefahrensituationen schöpfen, diese Lieben wiedersehen zu wollen und darauf zu vertrauen, dass diese auch uns wiedersehen wollen und man sich gegenseitig braucht.

Hinzu kommt wohl noch die Hoffnung, dass schon alles gut werden wird. Die verschiedenen Religionen geben verschiedene Motivationen dazu. Im gegenwärtigen Missbrauchsskandal unserer beiden Kirchen besteht die Hoffnung darin, dass sich die Kirchen grundlegend erneuern.

Und nicht zuletzt ist wichtig, wie man selbst im Rückblick sein Leben bewertet, wie zufrieden man ist, mit dem Erreichten und Geschaffenen, individuell und in der Gemeinschaft.

Glaube, Liebe, Hoffnung – vielleicht sind das doch die geheimen Mächte, die uns immer wieder aufs Neue Zukunftszuversicht vermitteln?

Der Sinn meines Lebens scheint darin zu bestehen, hinter den Sinn des Lebens zu kommen

Also was ist der Sinn meines Lebens insgesamt und überhaupt?

Geburt – Entwicklung – Tod als ewiger Kreislauf? Das macht doch noch keine Sinngebung, das ist doch bloßer Automatismus?

Selbst, eigenverantwortlich was daraus machen, aus dem »geschenkten« Leben – aber was ist »sinnvolles Machen«?

Ist die Arterhaltung die vorrangige Aufgabe, also Kinder in die Welt zu setzen und großzuziehen?

Aber: Kann das alles sein?

Ist es der Versuch, mit dem Älterwerden auch ein Stück weiser zu werden?

Aber: Wird man denn dumm geboren und stirbt klug?

Ist es das Bestreben, etwas im Leben zu schaffen, zu erreichen?

Aber: Was schaffen, was erreichen – was ist damit gemeint? Wohlstand, Besitz, Macht, …?

Bin ich eigentlich selbstverantwortlich und frei in meiner Lebensgestaltung?
Aber: Welche Konsequenzen hat das im einen wie im anderen Fall?

Experten sind sich einigermaßen einig darüber, dass unser Leben geprägt wird von unseren Genen – also dem Mitgebrachten – und dem im sozialen Kontext Erworbenen, Angeeigneten.

Aber als was bin ich geboren?

Als Optimist oder Pessimist, als ruhiger oder lebhafter Typ, als eher aktiv oder passiv, als spontan oder besonnen denkender und handelnder Mensch?

Ich denke heute zuerst an gesammelte Erfahrungen und daraus abgeleitete Schlussfolgerungen. Aus Erfahrungen und Fehlern lernen und somit ein bisschen weiser werden, das bedeutet für mich vor allem, gelassener zu werden.

Aber was heißt das konkret?

Fehler als solche zu erkennen und zu akzeptieren – bei sich wie auch bei anderen –, das ist keine alltägliche Praxis in meiner realen Gesellschaft. Wer Fehler macht, ist dumm, wird dafür bestraft, muss sich schämen ... das gilt wohl vom Kindergarten bis ultimo ...

Oder heißt es, mit den Lebensjahren ein anderes Verhältnis zur »Zeit« zu bekommen? Langsamer, bewusster, gezielter zu entscheiden? Und dabei offen und neugierig zu sein und zu bleiben, statt in verhärteten Denkstrukturen ja schon alles zu wissen und zu können – oder im Gegenteil: alles zu vergessen?

Nicht senil werden? ...

Oder ist Antizipation – die gedankliche Vorwegnahme, das Vorausdenken – ein wesentliches Merkmal, das uns Menschen von allen anderen Lebewesen unterscheidet? Und sind das Triebkräfte und Sinngeber unseres Lebens?

Oder vielleicht sind es doch die fünf Buchstaben, die klar zu definieren uns so schwerfällt – L-i-e-b-e?

Wie heißt es so schön? Liebe ist nicht alles, aber ohne Liebe ist alles nichts? Wirklich? Vielleicht definiert sie jeder für sich anders ...

Ich meine hier die »allumfassende« Liebe, die also alles und jeden einschließt. Im Buddhismus spricht man diesbezüglich von der Vollendung, der Einheit, dem Om (siehe Hermann Hesse: Siddhartha).

Oder ist Sinngebung ...

... die Erkenntnis oder auch nur die Ahnung, dass ich nicht alles »in der Hand habe«, dass es ETWAS HÖHERES gibt, das »mehr kann«, als ich verstehe und tue ...

Und was bleibt nun ganz konkret nach mir?

Ich habe einen Sohn (und eine Tochter) gezeugt, ein Haus gebaut und einen Baum gepflanzt. Ich habe in meinem privaten und beruflichen Leben stets versucht, etwas von dem in mir Angelegten und Erworbenen weiterzugeben – an meine Kinder, an Jugendliche und Erwachsene in ihrer Freizeit, an Studenten. Was davon bleibende Wirkung erzielt, ist schwer zu prüfen. Ich glaube, wer sich auf einer guten Grundlage selbst versucht zu verwirklichen, kommt dem Sinn des Lebens nahe: »Werde, der du bist« – ist eine mögliche Antwort auf die Sinnfrage.

Was bleibt

»Wenn man mir als Kind oder auch noch mit achtzehn Jahren gesagt hätte, dass mein Leben so verlaufen würde, wie es dann Realität wurde, hätte ich dies wohl als eine schöne Utopie mit einem Lächeln abgetan.«

Nach einer unbeschwerten Kindheit und einer angenehmen Schulzeit mit Abschluss Abitur war der Wunsch des Lehrerstudiums aussichtsreich, auch wenn zuvor achtzehn Monate Pflicht-Grundwehrdienst dieses Anliegen verzögerten. Wie malte ich mir damals meine langfristigere Lebensgestaltung aus?

Als Pädagoge anderen Menschen die Dinge, die einem selber wichtig sind und die man sich tiefgründiger angeeignet hat, weiter zu vermitteln, schien mir eine realistische Zukunftsvorstellung. Vielleicht nicht nur in einer »normalen« Schule, sondern sogar für Studenten oder Erwachsene als Mentor tätig zu werden, war schon etwas weitergedacht. Aber darüber hinaus? Schließlich gibt es mehr als den Beruf: Familie, Freizeit, Hobbys, Freunde, gesellschaftliche und persönliche Herausforderungen?

Kurzum, und jetzt kommt das damals Undenkbare:

Ich habe in den zurückliegenden rund fünfzig Jahren eine Familie gegründet und mit Ehefrau und zwei Kindern eine diesbezüglich sehr schöne Zeit erleben dürfen, die neben der beruflichen Tätigkeit prägend gewirkt hat. Ich konnte nach kurzer »normaler« Lehrertätigkeit an einer »normalen« Schule meine Ideen und Ideale an junge Menschen als Freizeitpädagoge weitergeben, auch wenn dieser Begriff damals hier noch gar nicht geläufig war. Später, selbst an Jahren hinzugewonnen, waren es nicht mehr vorrangig Jugendliche, sondern Erwachsene ganz unterschiedlicher Interessensgebiete, die ich als Kulturmanager einer diesbezüglichen gesellschaftlichen Organisation managen durfte.

Mit diesen beiden Erfahrungen zurück an die Hochschuleinrichtung, an der ich mein Lehrerdiplom gemacht hatte, widmete ich mich der Umweltpädagogik aus dem Drang heraus, jungen Menschen vorrangig zu mehr ästhetischen Primärerfahrungen in ihrer natürlichen Umwelt zu verhelfen. Bestimmend dabei war die Überzeugung, dass Umweltbewusstsein und Umweltwahrnehmung zu den Wurzeln zukunftsfähiger Lebensgestaltung eines jeden gehören müssen. Der Lehrerbildung gebührt dabei eine ganz besondere Rolle. Daran durfte ich teilhaben durch die Mitarbeit an einem BLK-Modellversuch zur Umweltpädagogik.

Wenn mich schon immer Menschen, Bildung, Sprache, Literatur, Kunst, Umwelt, Kultur interessiert haben, so wurde das durch persönliche Erfahrungen im Laufe meines Lebens mehrfach bereichert und prägt mich bis heute.

So konnte ich bei einem dreimonatigen Peking-Aufenthalt jungen Menschen nicht nur die deutsche Sprache näherbringen, sondern ich erfuhr auch sehr viel über Menschen eines ganz anderen Lebenskreises mit ganz anderen Gewohnheiten und Verhaltensweisen. Dies nahm ich als wertvolle Bereicherung der eigenen Einstellungen und nicht etwa als Bedrohung und somit Ablehnung wahr.

Ich bin auf der Großen Mauer rumgeklettert, erlebte sehr direkt die völlig andere Lebensweise der Menschen der Mega-Stadt Peking und habe abgelegene buddhistische Klöster besichtigt.

Im peruanischen Regenwald am Amazonas konnte ich die fantastische, reichhaltige Fauna dieses Tropengebietes mit allen Sinnen erleben und in einer kleinen Dorfgemeinschaft Kontakt mit den Ureinwohnern und deren Schamanen knüpfen.

Ich habe im Amazonas gebadet, eine Anakonda in den Händen gehalten, den Worten eines Schamanen in seinem Dorf gelauscht und dessen Hände auf meinem Kopf haben Energie fließen lassen.

In der Weite der Serengeti Tansanias war ich Elefanten, Löwen, Büffeln, Giraffen und vielen, vielen Tieren ganz nah. Derartige Erlebnisse vergisst man nie, sie prägen viel entscheidender als entsprechende Fernsehbilder.

Ich stand einer Löwin und einem Elefantenbullen Aug in Auge gegenüber, habe im offenen Zelt nachts in die Savanne gelauscht und mit den Bewohnern eines Massai-Dorfes Kontakt gehabt.

Und dann, schon im fortgeschrittenen Alter, nochmals vor jungen Menschen, Flücht-
lingen vielfältiger Herkunftsländer, zu stehen, um ihnen die deutsche Sprache nahe-
zubringen und somit ihre Eingliederung in eine neue Heimat zu erleichtern, schließt
eigentlich einen Reigen von prägenden Lebenserfahrungen.

Bei all den geschilderten Ereignissen ist im Nachhinein festzustellen, dass der Faktor
»Zeit« für mich eine nur untergeordnete Rolle gespielt hat. Spontan- und Moment-
wahrnehmungen waren entscheidend für bleibende Eindrücke und Wirkungen.
Wichtig waren die persönliche Betroffenheit und Anteilnahme, das Sich-hinein-
Begeben in die »anderen Welten«. Diese Faszination kann im Sekunden- oder
Stundenverlauf nachhaltige Wirkung erzeugen.

Derartige persönliche Erfahrungen, aufgearbeitet und ergänzt mit wissenschaftlichen
Arbeitsweisen und Erkenntnissen, lassen mich zu folgenden Schlussfolgerungen
kommen.

- Jugendliche streben ein intensives Freizeitverhalten ganz ihren persönlichen
  Interessen gemäß, also in einer großen Breite, an. Jugendliche Neugier und Un-
  mittelbarkeit sind ihre Kennzeichen.
- Aktive Freizeitbetätigung, Kultur und Kunst spielen im Leben vieler Menschen
  eine wichtige, lebensgestaltende Rolle. Sie wirken in alle Lebensbereiche hinein
  und formen die Menschen ebenso wie Bildung und Beruf.
- Da Sprache und Denken in unmittelbarem Zusammenhang stehen, kommt der
  Beherrschung der Muttersprache sowie der Sprache des neuen Landes, in das
  Umsiedler und Flüchtlinge kommen, eine große Bedeutung hinsichtlich der
  Sozialisation zu.
- Primärerfahrungen vermitteln bleibende Eindrücke und Einflüsse auf die
  persönliche Lebensgestaltung. Sie sind nicht durch Vermittlung von Medien
  (Sekundärerfahrungen) oder anderen Dritten zu ersetzen. Das gilt besonders für
  sinnlich-ästhetische Erfahrungen, die einen entscheidenden Einfluss auf unsere
  Verhaltensweise bezüglich unserer Mitwelt haben.
- Sowohl soziale wie auch Natur- und Umwelterfahrungen werden vorrangig
  durch individuelles Wahrnehmen und Erleben, also emotional, geprägt. Wissen allein bewirkt keine grundlegende Verhaltensänderung. Betroffenheit wirkt.
  Dabei werden die vielfältigen Zusammenhänge zwischen Mensch, Natur und

Gesellschaft, also des Menschen als eines bio-psycho-sozialen Wesens, deutlich. Das kann eine gute Basis für Verhaltensänderung und nachhaltige Zukunftsgestaltung sein.

- Eine bildende und erzieherische Wirkung zu erzielen kann besonders gut, wer selbst auf eigene diesbezügliche Erfahrungen zurückgreifen kann und somit glaubhaft und beispielgebend wirkt. Lehrbuchwissen allein genügt nicht, um Verhaltensänderungen zu erzielen. »Erziehung ist Liebe und Vorbildwirkung« (Fröbel).

Ich hatte das große Glück, diesen Lebensweg beschreiten zu können, dank meines Elternhauses, meiner Familie, meines beruflichen sowie meines natürlichen und sozialen Umfeldes. Dafür bin ich unendlich dankbar.

Vielleicht hilft mir dieses Fazit, meinem Lebensende etwas gelassener entgegenzugehen, statt die ständige Sorge in mir zu tragen, etwas verpasst oder viel Unrecht getan zu haben.

Zukunft gestalten

Suffizienz statt Wachstumszwang, also »Maßnahmen, Instrumente und Strategien, mit denen Ressourcen eingespart werden können, und zwar dadurch, dass Menschen ihr Verhalten verändern mit der Absicht, Energie und Rohstoffe anders zu nutzen und von ihnen weniger zu verbrauchen als bisher. «

Dr. Manfred Linz

In einer von BUND und MISEREOR herausgegebenen Studie »Zukunftsfähiges Deutschland« wurden bereits 1995 (!) acht Leitbilder vorgestellt, wie Zukunft global und nachhaltig entwickelt werden könnte. »Visionen brauchen Fahrpläne« meinten die Autoren mit dem Philosophen Ernst Bloch. Sie betreffen unser Wirtschaftsverständnis in unserem Lebensraum. Die Studie wollte »dazu beitragen, die blinden Flecken der Zukunftsdiskussion aufzuhellen und dabei deutlich zu machen, dass eine sozial-ökologische Orientierung der Gesellschaft nicht nur erforderlich, sondern auch aussichtsreich und erstrebenswert ist.« Eines dieser Leitbilder lautet »Gut leben statt viel haben«.

Ebenfalls aus den 90er-Jahren stammt der Begriff »ökologischer Fußabdruck«. Er meint die »Fußspur«, die jeder Mensch hinterlässt infolge seines Verhaltens betreffs

Ernährung (35 Prozent), Wohnung (25 Prozent), Mobilität (22 Prozent) und Konsum (18 Prozent). Wissenschaftliche Studien belegen, dass wir weltweit so viel Natur nutzen, als hätten wir 1,7 Planeten Erde. In Deutschland ist der durchschnittliche Naturverbrauch pro Kopf 4,7 gha (globale Hektar). Sinnvoll wären weniger als 1,6 gha, um auch die Vielfalt der Tier- und Pflanzenwelt zu erhalten.

Wie steht es ein reichliches Vierteljahrhundert danach mit diesen Zukunftsansprüchen?

Dieser Beitrag will nicht leichte und schnelle Antworten auf schwierige und langfristig zu diskutierende Fragen geben. Aber manchmal sind Fragestellungen wichtiger als schnelle Antworten.

Sicher sind die Ansprüche an ein gutes Leben so vielfältig, wie es unterschiedliche Meinungen und Ansichten zu vielen Dingen gibt. Hat ein jeder von uns ein gutes Recht auf seine ganz individuelle Lebensgestaltung? Bin ich diesbezüglich in meinen ganz persönlichen Entscheidungen wirklich frei? Sollten wir nicht längst gelernt haben, dass zum Begriff »Freiheit« ebenso »Verantwortung« gehört? Absolute Freiheit gibt es sowieso nicht! Verantwortung wofür und für wen?

Wir sind nicht nur unverwechselbare Individuen, sondern auch gesellschaftliche, soziale Wesen und als solche voneinander abhängig. Keiner kämpft sich heute mehr völlig isoliert durch sein gesamtes Leben. Spätestens seit Kants kategorischem Imperativ sollte uns das bewusst sein. Und diese Erkenntnis ist ein hohes Gut menschlicher Existenz. Wer das ignoriert, ist nicht nur ein Egoist, sondern auch eine Gefahr für die zukünftig erfolgreiche Gestaltung einer nachhaltigen Gesellschaft im wahrsten Sinne des Wortes.

Gutes Leben erfordert also den Blick nicht nur auf die eigene Zufriedenheit und den meist damit angestrebten Wohlstand, sondern auch den Blick über den eigenen Tellerrand hinaus. Und das beginnt in der Familie und beim Nachbarn und geht viel weiter. Wir sehen und hören heute täglich Nachrichten und Informationen aus aller Welt. Keiner kann mehr sagen, er wisse nicht, wie es um die Nöte und Leiden von Millionen Menschen in anderen Teilen der Welt aussehe.

Was hat das mit mir zu tun? Zweierlei: Ich könnte meine persönliche Situation etwas relativieren und über derartige Erkenntnisse in Dankbarkeit und vielleicht sogar etwas Demut münden lassen: Mir geht es hier und heute relativ gut. Dies könnte Auswirkungen auf meine Ansprüche haben – immer schneller, immer höher, immer weiter? Wachstum in allen Bereichen um jeden Preis?

Zum anderen: Zu sagen, der Einzelne hier könne ja nicht das Leid in der ganzen Welt beseitigen, ist zu kurz gedacht. Unser Verhalten hier und heute hat sehr wohl Einfluss auf das Leben dort und zukünftig. Ganz einfach gesagt: Was wir nicht kaufen, kann auf lange Sicht nicht mehr gewinnbringend produziert werden. Warenproduktionen sowie –importe und –exporte würden sich wandeln. Oder:

Der große Baum, der in meinem Garten Schatten spendet und für gute Luft sorgt, Grundwasser für den Bewuchs hält, leistet einen ganz konkreten Beitrag für mein Wohlergehen und zum Umweltschutz insgesamt. Ich brauche keine teure Ressourcen kostenden Sonnenschutz zu kaufen, der Rasen leidet nicht so unter der brennenden Sommersonne, ich lebe gesünder. Wenn ich dann unter diesem Baum sitze und ein Buch lese und nur zweimal im Jahr meinen Rasen – besser: meine Wiese – mähe, meine Milch und manches andere aus dem nahen Hofladen zu Fuß hole – bin ich dann ein absoluter Außenseiter, der sich das vielleicht ganz persönlich leisten kann? Ist das Idealismus und unrealistisch gedacht?

Ja, die meisten Menschen wohnen in der Stadt, leben und arbeiten unter völlig anderen Bedingungen? Richtig! Aber erstens kenne ich wenige von den recht vielen ländlichen Bewohnern, die so denken und handeln, und zweitens kann ein jeder an seinem Ort überdenken, ob »viel haben« gleich »gut leben« ist, und dementsprechend nach Veränderungen seines Lebensstils suchen. Da gibt es sehr, sehr viele Möglichkeiten für jedermann. Und: Beispielwirkung nicht ausgeschlossen. Die »Grünen« waren einst eine kleine Gruppe nicht ernst genommener »Spinner«, deren Ansprüche für utopisch gehalten wurden. Heute bestimmen sie maßgeblich den gesamtgesellschaftlichen Kurs unserer Regierung mit.

Letztendlich kann auch die Erkenntnis hilfreich sein, dass alles mit allem zusammenhängt. Wir Menschen stehen nicht über unserer Umwelt, besser: Mitwelt, und können sie nicht ausschließlich nach unseren Wünschen formen, sondern wir sind aktiver Bestandteil unserer ganzheitlichen Welt. Manche Gesellschaftskritiker betrachten die Erde als einen lebenden Organismus, der ganz offensichtlich krank ist angesichts der vielen Umweltprobleme und -katastrophen. Wir haben es noch immer in der Hand, mit ihr zu gesunden oder von ihr zu verschwinden. Denn die »Mutter Natur« ist stärker und beständiger als wir Menschen.

Auf dieser Basis betrachtet muss eine Trendabnahme von »immer schneller, immer höher, immer weiter« meines Erachtens kein Verzicht auf Lebensqualität sein, wenn wir uns auf unsere wesentlichen Lebensgrundlagen besinnen. Ein gelingendes, glückliches Leben muss nicht von stetigem Wachstum des Bruttosozialproduktes abhängen. Ökonomie muss immer im Zusammenhang mit Ökologie und Sozialem/ Ethischen betrachtet werden. Das belegt ein Blick auf die Länder und Regionen, wo nach entsprechenden Untersuchungen die glücklichsten Menschen der Welt leben.

Beiträge zum gesellschaftlichen Diskurs

Wer, wenn nicht wir

Ein Appell an die menschliche Vernunft

Globalisierung findet längst statt, ob wir es wahrhaben wollen oder nicht: in der Wirtschaft, in der Wissenschaft, im Tourismus, in der Kultur und Kunst, im Sport. Nur die Politik steht vor scheinbar unüberwindbaren Herausforderungen. Ist es wirklich so schwer, eigene nationalstaatliche Interessen und globale Notwendigkeiten unter einen Hut zu bringen? Wir könnten so viel bewirken, wenn wir Egoismus, Profitsucht, Völkerhass und Engstirnigkeit beiseiteschieben würden. Wenn wir politisch neu regeln und durchsetzen würden, was ganz offensichtlich richtig und notwendig wäre und woran nur einzelne Industriezweige mit entsprechender Lobby krampfhaft festhalten – Waffenexporte, Lebensmittelsubventionen, Massentierhaltung, Energieproduktion etc. – dann sähe die Welt anders aus. Wir wissen es doch besser, wir könnten es doch besser. Warum tun wir es nicht? Ergeben wir uns ernsthaft der Profitgier einiger weniger Mächtiger? Aus Angst vor Gegenwind? Den Satz »Geld regiert die Welt« kann ich nicht akzeptieren. Wenn wir uns dem ergeben, sind wir zum Scheitern verurteilt. »Höher, schneller, weiter« kann nicht das ewige Credo sein. »Warum verweigert man sich seiner eigenen Intelligenz?« (Bodo Ramelow).

Wer über den eigenen Tellerrand hinausschaut, kann nicht übersehen, dass es in anderen Regionen der Welt den Menschen schlecht geht – Kriege, Terror und Gewalt, Umweltkatastrophen – und dass wir unseren Anteil daran tragen. Wer ernsthaft darüber nachdenkt und sich gut informiert, kommt schnell dahinter. Die Bereitschaft dazu muss schon jeder selbst mitbringen. Indem wir auf das Fremde schauen, sehen wir neu auf uns selbst. Und das muss zu entsprechendem Handeln führen. Im Großen (Staaten und Regierungen) wie im Kleinen (persönlich, individuell), in so vielen Bereichen: wie wir einkaufen, wie wir arbeiten, wie wir uns bewegen, wie wir einander begegnen. Wer, wenn nicht wir, kann Änderungen herbeiführen? Unsere Nachgeborenen werden es uns danken.

Keine Mauer hält ewig ...

... weder die im Gelände errichtete noch die im Kopf verordnete »Brandmauer«. Es war und ist nur eine Frage der Zeit, bis die von demokratischen Parteien einträchtig gefassten Absprachen oder auch Beschlüsse »vergessen« oder sogar gebrochen werden. Mit Demokratie hat das wenig zu tun. Wo ist klar definiert, was »demokratische Parteien« sind, und wie ist die Zuordnung, besonders im Zusammenhang mit »Wählerwille«? Ist Ausgrenzung der richtige Weg, oder bedarf es vielmehr der offenen Auseinandersetzung mit gewissem Durchhaltevermögen bis zu einer erkennbaren Lösung? Ganz gleich, ob es an zwei entgegengesetzte Ränder geht – z.B. links außen und rechts außen?

Das ist kein Votum für die AfD! Sie wurde gewählt und sie gehört abgewählt, weil ihre Führerriege eine Schande ist für unser Land. Aber die Einwohner einer kleinen Gemeinde, die fast geschlossen AfD gewählt haben, weil in ihrem Dorf kein Bus mehr fährt, kein Kindergarten und keine Verkaufsstelle mehr existieren, haben wenig mit dieser braungefärbten selbsternannten »Volksparteispitze« gemein. Ob diese Protestwähler das jetzt erkennen und zukünftig weiter denken werden?

Alle oft leider semiprofessionell, weil taktisch und klüngelnd agierenden Parteien, die kontinuierlich Glaubwürdigkeit und Vertrauen beim Wähler verloren haben, tragen größtenteils die schwere Last der gegenwärtigen Misere.

(Lesermeinung in der »Thüringer Allgemeinen«)

Gelingende Integration

Vor ziemlich genau fünf Jahren endete eine 28tägige Odyssee einer afghanischen Familie in Thüringen. Heute sagt der Familienvater, das sei sein zweiter Geburtstag. Unvorstellbares Leid prägte das Leben der hinduistischen Familie in Kabul. Ja, es ging tagtäglich um Leben und Tod. Da war die Ungewissheit der ersten Monate und Jahre hier bei uns schon viel erträglicher. Heute kann die Familie ein Leben führen, das den Blick in eine gute Zukunft rechtfertigt, obwohl noch keine Zukunftssicherheit für alle Familienmitglieder herrscht.

Vater und Mutter der vier Töchter – beide bald sechzig Jahre alt – haben sich durch einen lang ersehnten Deutschkurs gearbeitet. Wie hart das für Menschen

143

ohne Vorkenntnisse ist, können wir uns kaum vorstellen. Aber der Weg der Töchter ist wohl bemerkenswert für all diejenigen, die mit generellen Vorurteilen und Halbwahrheiten auf Menschen blicken, die aus fernen Kulturen zu uns gekommen sind. Die drei älteren Töchter haben alle den Realschulabschluss mit der Note eins gemeistert. Die Älteste schloss inzwischen das Fachabitur erfolgreich ab und befindet sich in der Lehre zur Industriekauffrau. Die Zweitälteste ist in Ausbildung zur Frisöse und stolze Führerscheinbesitzerin. Die Drittälteste lernt in der Computerbranche. Die jüngste Tochter besucht die sechste Klasse am Gymnasium. Sie spielt Saxophon und übt fleißig in einer Tanzgruppe. Wohlgemerkt: Das alles nach fünf Jahren Deutschland ohne Vorkenntnisse! Eine Devise der Lerneifrigen war: Warum muss ich nachts nur schlafen, ich habe so viel nachzuholen. Dementsprechend sieht das Tages- und Nachtpensum der vier Mädchen aus.

Bei einem der vielen Ämterbesuche wurde die Älteste gefragt, wozu sie noch Geld für Nachhilfe beantrage, sie habe doch gute Zensuren und man brauche keine Steuergelder für sie auszugeben. Ihre Antwort: Ich will noch bessere Zensuren, um einen sehr guten Beruf zu lernen und dann auch entsprechende Steuern zu zahlen, dem Staat zurückzuzahlen.

Aber Leben bedeutet mehr als Lernen. Die ganze Familie suchte und fand nicht nur Hilfe in der schweren Anfangszeit in der Fremde, sondern sie gibt genau derartige Hilfe jetzt anderen Bedürftigen – einer erst kürzlich zugezogenen afghanischen Familie, den Freundinnen und Bekannten in Schule und Ausbildung, zum Beispiel. Der Vater wird nicht selten von Nachbarn, Freunden seiner Staatsangehörigkeit um Rat und Tat gefragt und gebeten.

Gelingende Integration nennt man das Ganze wohl!

Übrigens: Die Familie will anonym bleiben. Sie möchte kein Aufsehen um sich und ihre ganz »normalen« Alltagspflichten. Bescheidenheit, Freundlichkeit und Dankbarkeit gehören auch zu ihren Tugenden.

Und was mich diese Bekanntschaft, Freundschaft und Liebe gelehrt hat?

Richard von Weizsäcker hat es so formuliert: »Indem wir den anderen kennenlernen, begegnen wir uns selbst. Wer die Kultur des anderen begreift, hört auf, in ihm einen Fremdling zu sehen«. Das kann ich aus eigener Erfahrung bestätigen.

Tochter Ute hat einen Artikel über die Familie für ein Leipziger Journal geschrieben. Den möchte ich an dieser Stelle anfügen:

»Guten Menschen passiert irgendwann auch Gutes«

Seit drei Jahren lebt die Familie M. aus Afghanistan in Deutschland, die meiste Zeit davon in Erfurt. Ein Beispiel für gelingende Integration dank festen Willens und vielfältiger Hilfen.

Konzentriert sitzt die 16-jährige Shalini M. im Klassenraum und beantwortet die Fragen einer Sozialkunde-Arbeit. Wie heißt das deutsche Wahlsystem? Wie lauten die fünf Wahlgrundsätze? Mit welchen Argumenten würdest du einen Freund davon überzeugen, überhaupt wählen zu gehen? Shalini kommt aus Afghanistan und ist vor drei Jahren mit ihren Eltern und ihren drei Schwestern nach Deutschland gekommen. Geflüchtet vor den Taliban, die der Familie das Leben in Kabul unerträglich gemacht haben, die den Eltern ihre erste Tochter und den vier Mädchen ihre große Schwester genommen haben.

Als Hindus hatten sie es besonders schwer in dem seit Jahrzehnten von gewaltsamen Unruhen und Bürgerkrieg aufgewühltem Afghanistan. Hindus gelten als nicht-muslimische Ausländer, sie werden drangsaliert, diskriminiert, enteignet und vertrieben. Vater Chender M. hatte einen Imbiss, in dem er Speisen verkaufte, die seine Frau Sima zuhause zubereitete. Doch es kam immer häufiger vor, dass »Gäste« nicht bezahlten, ihn stattdessen mit Waffen bedrohten. Irgendwann ließ Chender seine Mädchen kaum mehr aus dem Haus gehen, aus Angst, ihnen würde auf dem Weg etwas passieren. Rechnen brachte er seinen Töchtern bei. Lesen und Schreiben lernten sie ein bisschen von ihrer großen Schwester. Das letzte Jahr in Afghanistan hat die Familie Zuflucht in einem Tempel gesucht, nachdem in unmittelbarer Nachbarschaft Schreckliches passiert ist, worüber in der Familie bis heute nicht gesprochen wird.

Während der Zeit, im Tempel haben sie ihre älteste Tochter verloren – das war der Auslöser für die Flucht. Der körperlich angeschlagene Chender hatte das Gefühl, als einziger Mann der Familie seine Frau und seine Töchter nicht ausreichend beschützen zu können. »Papa sagte, dass wir die Chance einer Flucht nutzen müssten. Entweder wir leben irgendwo anders in Sicherheit oder wir sterben hier«, erzählt Ratena, die mit 19 Jahren heute die älteste Tochter ist. Familie M. war angesehen, beliebt und bekannt für ihre Hilfsbereitschaft. Nun war es an der Zeit die Hilfe anderer in Anspruch zu nehmen. Sie machten ihr gesamtes Hab und Gut zu Geld und begaben sich in die Hände eines unbekannten Mannes, der sie aus Afghanistan rausbrachte. Deutschland war gar nicht unbedingt das Ziel – Hauptsache weg, schlimmer als hier kann es nicht werden. Irgendwann 2012 landeten sie in einer Flüchtlingsunterkunft in Gießen, ohne ein Wort Deutsch zu können. Drei Monate lang lebten sie dort, ehe ihr Name auf einer ausgehängten Liste erschien, auf der verkündet wurde, für wen es weitergeht. Ihr Weg führte sie nach Erfurt in ein Wohnheim. Und auch hier erhielten sie wieder Hilfe von einem fremden Mann, dem Leiter der Einrichtung, der ihnen eine eigene Wohnung vermittelte, die Töchter an Schulen anmeldete, bei Bürokratischem half. »Guten Menschen passiert irgendwann auch Gutes«, sagt Ratena, die heute viel für die Familie regelt und organisiert. Sie musste schnell erwachsen werden und trägt heute Verantwortung für ihre Familie. In vielen Bereichen ist sie das Sprachrohr der Eltern. Da die Familie bis heute lediglich ein Abschiebungsverbot hat, aber keinen Status als Flüchtling oder gar Asylberechtigte, hatten die Eltern bisher keine Möglichkeit, einen Sprachkurs zu besuchen. Mit einem Anwalt aus Frankfurt am Main kämpft die Familie darum, vom BAMF besser eingestuft zu werden, wenigstens als subsidiär Schutzberechtigte, wenn nicht als Flüchtlinge oder Asylberechtigte. Auf die Frage, warum sich das Prozedere über Jahre hinzieht, antwortet der Anwalt ausweichend und weist auf die langsamen bürokratischen Mühlen der Ämter hin. Aber er hofft, dass es in diesem Jahr noch zu einer Entscheidung kommt. Ratena ist nicht nur beim Anwalt die Dolmetscherin, auch bei Behördengängen oder Arztbesuchen. »Mama und Papa haben so viel für uns getan«, sagt sie. »Früher waren wir abhängig von ihnen, jetzt helfen wir Kinder unseren Eltern.« Sie ist auch diejenige, die nach Hilfsangeboten sucht und Kontakte knüpft. Sei es zur Diakonie oder zum Internationalen Bund.

Ratena ist fleißig – fast schon etwas zu viel des Guten. Sie hat nach nur drei Jahren in Deutschland die Regelschule mit Eins abgeschlossen und macht jetzt ihr Fachabitur mit wirtschaftlicher Ausrichtung. Ihre Schwestern haben ebenfalls fantastische Noten. Shalini hat gerade ihren Ausbildungsvertrag unterschrieben. Sie wird IT-Expertin. Die dritte Schwester möchte gern Frisörin oder Visagistin werden. Das sind Perspektiven, an die sie in Afghanistan nie im Leben gedacht hätten. Der Alltag von Frauen dort sieht im Normalfall so aus, dass sie zuhause sind und sich um Haus und Kinder kümmern. Die jüngste Tochter ist jetzt in der 4. Klasse und wird bei einem Notendurchschnitt von 1,0 bald auf das Gymnasium wechseln. Ihre guten Noten haben alle vier Schwestern in erster Linie ihrem unbedingten Willen, es hier zu schaffen und ihrer ungebremsten Lernbegierde zu verdanken. Außerdem weist die Schule einen für Thüringer Verhältnisse enorm hohen Anteil an Schülern mit Migrationshintergrund auf. Die Lehrer sind darauf eingestellt und richten ihren Unterricht auch entsprechend aus. Zusätzlich hat sich Ratena an die Diakonie gewandt, um Nachhilfe-Angebote für sich und ihre Schwestern in Anspruch zu nehmen. So entstand auch der Kontakt zu einem Lehrer-Ehepaar. Aus dieser Begegnung hat sich mittlerweile eine Art Freundschaft entwickelt. Die Eheleute helfen längst nicht mehr nur bei Schulaufgaben. Man begegnet sich auf Augenhöhe, ist neugierig auf einander und bereichert sich gegenseitig. Vater und Mutter M. haben außerdem Kontakte zu anderen Flüchtlingen in ihrer Wohngegend und zu den Hindu-Gemeinden in Frankfurt, München und Hamburg. Bald werden sie endlich einen Sprachkurs besuchen, was ihnen den Alltag erleichtern und ihre große Tochter entlasten wird.

Ob die Familie über eine Rückkehr nach Afghanistan nachdenkt? Nicht wirklich. Die Mutter und die Töchter auf keinen Fall. »Manchmal denke ich, warum bin ich nur nicht hier geboren?«, sagt Ratena. »Dann hätte ich alles von Anfang an gehabt.« Mit »alles« meint sie Dinge, die für uns ganz normal sind. Fahrradfahren zum Beispiel, oder Schwimmen lernen oder Volleyball spielen. An Afghanistan denkt sie kaum noch, nur ganz selten kommen die schlechten Erinnerungen wieder hoch. Vater Chender trägt auch schöne Bilder in sich, wenn er an seine Kindheit zurückdenkt. Doch hält er sich die heutige Situation vor Augen, dann sagt er, er wolle lieber hier in Deutschland sterben, denn in Afghanistan bekommt er wahrscheinlich nicht mal ein Grab. Sie werden also bleiben – und unser Land bereichern. Integration braucht Willen und Unterstützung. Trifft beides aufeinander, steht einem erfüllten Miteinander nichts im Weg.

Was diese Familie mitbringt? Bescheidenheit und Dankbarkeit, Herzlichkeit und Offenheit, jede Menge Fleiß und den unbedingten Glauben an das Gute.

Natur und Mensch

Die Natur ist meine Religion.
Die Erde ist meine Kirche.
Die Liebe zu jedem Lebewesen ist mein Glaube.

Verfasser unbekannt

Die Natur an sich ist ein sich selbst regulierender, also in sich abgeschlossener Kreislauf. Voraussetzung für das Funktionieren ist eben, dass in diesen keine stark störenden Einflüsse von außen eindringen. Und genau da liegt das Problem: der Mensch. Mit welchem Bewusstsein geht er mit dieser seiner Lebensgrundlage um? Er sorgt permanent dafür, dass die Ökosysteme gestört werden, und er bekommt gleichzeitig manchmal Angst vor den Folgen seines eigenen Handelns. Er leidet immer stärker darunter, oft nicht sofort spürbar. Klima, Flora und Fauna zeigen deutliche Spuren dieser Entwicklung besonders der letzten Jahrzehnte.

Realistisch betrachtet ist es ganz logisch und doch so schwer zu handhaben: Der Mensch muss begreifen, dass er selbst Teil der Natur ist, will er seinen zukünftigen Generationen eine Überlebenschance geben. Er steht nicht »über« der Natur und ist kein »Gestalter von außen«. Er ist aktives integriertes Mitglied mit all den Folgen seines Tuns. So wie er hat auch jedes Tier und jede Pflanze ihren Platz in diesem sensiblen System. Ja, es gibt Artensterben in großem Maße und wir leben immer noch gut. Brauchen wir wirklich wieder Wölfe, Luchse oder Wildkatzen? Diese »Raubtiere«? Gegenfrage: Ginge es vielleicht unseren Wäldern eines Tages mit diesen vertriebenen Tieren wieder besser und damit uns selbst auch – in oben beschriebenen Sinn?

Stabile Mischwälder, selbstregulierend, hieße allerdings, Jäger werden zu Hegern und übernehmen das Monitoring statt des permanenten aktiven Eingreifens aus Jagdlust und Verlangen nach Wildfleisch-Schmaus. Groß angelegte Baumpflanzaktionen auf abgestorbenen Fichtenmonoflächen sind dazu nicht der richtige Weg. Um sich selbst regulierende Waldflächen zu schaffen, braucht es eines längeren Prozesses, einer natürlichen Entwicklung, auch altersdurchmischt, also Jahrzehnte. Anfänge dazu sind gemacht nicht nur in Bayern, sondern auch in Thüringen. Das stimmt optimistisch.

»Wer Bäume pflanzt, obwohl er weiß, dass er nie in ihrem Schatten sitzen wird, hat zumindest angefangen, den Sinn des Lebens zu begreifen.« (Tagore, 1861 – 1941).

Und noch etwas Wichtiges kommt dazu: Vielleicht können wir Menschen uns dann wieder an dieser reichhaltigen Umwelt selbst bereichern – praktisch-sinnlich, nicht nur aus Sekundärquellen wie den Medien. Vielleicht kann dann wieder zum Tragen kommen, dass Vielfalt nichts Bedrohliches, sondern etwas Zukunftssicherndes ist. Vielleicht können wir wieder lernen, dass ästhetische Naturerfahrung ein Wegweiser für gelingendes ethisches Verhalten und somit zukunftssichernd für uns Menschen ist.

Leider ist unsere Gesellschaft im Moment davon weit weg. Und damit ist nicht gemeint, dass die Menschen zurück in die Steinzeit verfallen sollen. Keiner will und braucht auf wesentliche kulturelle Errungenschaften zu verzichten. Nur die Devise »immer schneller, höher und weiter« hindert uns daran, in Frieden, glücklich, zufrieden und zukunftssicher zu leben. Ist wirklich der »reich«, der viel hat, oder eher der, der weniger braucht?

Nur wenn wir die Überwindung der Überheblichkeit und des Egoismus des Menschen und die Anerkennung der Ganzheitlichkeit des Lebens auf der Erde als ernsthafte Zielsetzung anstreben, werden wir eine langfristige Chance zum Überleben haben. Ja, nicht nur was wir vor unserer eigenen Haustür entscheiden, wirkt auf uns zurück. Aber fangen wir hier an, wo es greifbar ist. Ein jeder von uns kann das.

Und darüber hinaus: Gibt es nicht vielleicht sogar eine Existenzberechtigung und sogar Existenznotwendigkeit der Vielfalt der Tier- und Pflanzenarten, die in einer bestimmten Region lebten und leben? Sind diese Gedanken Utopie, also unerfüllbares Wunschdenken in einer hochentwickelten Industriegesellschaft? Was wäre die Alternative? Weiter so wie bisher? Ein bisschen höhere CO_2-Steuer und paar Tausend Bäume neu gepflanzt? Ist das zukunftsfähig für unsere Enkel, Urenkel und Ururenkel?

Ungebändigter Machtanspruch und zügelloses Profitdenken sind die ärgsten Feinde einer ökologischen, zukunftsfähigen menschlichen Gemeinschaft auf unserem Planeten. Das gilt im Kleinen wie im Großen.

Unser Wald ist mehr als die Summe von Bäumen

Und der Wald ist nicht in Geld-Nutzen zu beziffern. Er ist eine wichtige Quelle für das Klima auf unserem Planeten, besonders den Wasserhaushalt betreffend. Das Element Wasser rückt immer mehr in das Blickfeld von Klimaexperten. Nicht vorrangig das CO_2-Problem, nicht die alternativen Energiequellen, nicht die fossilen Brennstoffe – Wasser, das Lebenselixier, könnte über unser aller Zukunft entscheiden. Natürlich hängt alles mit allem zusammen, aber Prioritätensetzung tut manchmal not. Dass die Wälder in diesem Zusammenhang wichtig sind, wird nicht immer sofort erkannt.

Wenn unser Planet manchmal »Mutter Erde« benannt wird, heißt das, dass er als »lebendes Wesen« betrachtet werden sollte. Das sehen auch einige Naturvölker heute noch so.

Würden wir das alle tun, wäre uns der ursächliche Zusammenhang mit Wasser deutlicher vor Augen. Ohne Wasser kein Leben – allgemein anerkannter Grundsatz. Die Wasserkreisläufe vom Grundwasser eben über Wälder bis in die Atmosphäre (Wolken) sind die Grundlage unserer Existenz – eigentlich ganz einfach. Wenn es das im wirklichen Handeln wäre, würden wir anders damit umgehen, wüssten wir, dass wir alle davon abhängig sind, auf Gedeih und Verderb. Besonders diejenigen, die in großem Stil Verantwortung für Abholzungen tragen. Aber auch jeder Einzelne dokumentiert seine Haltung in Beziehung zu jedem Baum, dem er begegnet – als Lebewesen. Er ist nicht ein kleiner Teil unserer vielseitigen Umwelt, von der wir immer im Allgemeinen sprechen. Er ist lebendige MITWELT. Und Wälder und Wasser als Lebensgrundlage hängen so miteinander zusammen wie die Luft mit dem Atmen.

Umweltzerstörung ist Selbstzerstörung …

… weil Umwelt Mitwelt ist, weil der Mensch nur mit ihr und in ihr leben und überleben kann. Abholzungen in großem Umfang haben zum Beispiel tragische Folgen: Menschen dringen tief in die Tier- und Pflanzenwelt ein und richten damit elementaren Schaden an. Natürliche Lebensräume unserer Mitgeschöpfe werden vernichtet. Wild lebende Tiere suchen zwangsläufig die Nähe zum Menschen, weil ihnen kein eigener Raum mehr zur Verfügung steht. Der Mensch rückt ihnen ebenso

» auf den Pelz «. Mit riesigen Folgen, die wohl völlig unterschätzt werden, bis sie tragisch zutage treten. Wildschweine im Stadtpark müssen aus Sicherheitsgründen abgeschossen werden. Die Übertragung von Bakterien und Viren verursacht Krankheiten beim Menschen, die sich schnell ausbreiten. Menschliches Missverständnis besonders in asiatischen Ländern befördert dies durch Verarbeitung und Verzehr bestimmter Tiere wegen angeblich nützlicher, heilender Wirkungen. Oft reicht aber schon der menschliche Kontakt mit den Tieren, um eine Infektionskette in Bewegung zu setzen. Durch unsere enorme Mobilität ist eine rasante Verbreitung von Krankheiten auf der ganzen Erde leicht möglich. Seuchen, Epidemien und Pandemien sind das Ergebnis.

Ursachen erkennen und gegensteuern oder weiter so wie bisher?

Bürgerengagement – ein Beispiel aus K.

Auf der Teerstraße hinter der Agrargenossenschaft ist mitten an einem Werktagvormittag eine junge Frau unterwegs Richtung Westen. Sie ist bepackt mit großem Rucksack, hat wetterfeste Kleidung an und grüßt freundlich. Ein paar nette Worte bestätigen die Vermutung, dass sie auf Pilgertour ist. Sie fragt, ob es hier in der Nähe vielleicht eine Tasse Kaffee geben könnte. Ich muss leider verneinen, kann aber wenigstens auf den Hofladen verweisen, der eine kleine Raststätte sein könnte. Hier ist auch die Möglichkeit gegeben, einen vom hiesigen Kirchbauverein erstellten Stempel als Nachweis des Hierseins zu bekommen. Und wer mag, findet einen Ansprechpartner zur Besichtigung der Dorfkirche. Wir reden noch kurz über ihr Pilgervorhaben und weiter zieht die freundliche junge Dame entlang des mit der Muschel ausgeschilderten Jakobsweges. Etwa 300 Meter weiter kommt sie zu einem kleinen Rastplatz mit herrlicher Aussicht über Feld und Flur in Richtung Thüringer Wald. Neben der überdachten hölzernen Sitzgruppe ist eines der beiden in dieser Flur befindlichen Steinkreuze zu besichtigen. Und damit jeder Vorbeikommende dazu ein paar Informationen erhält, ist eine Tafel daneben neu errichtet und fest im Boden verankert, ähnlich wie am Erfurter Weg. Herr H., seines Zeichens Tischler, hat diese Tafel fachmännisch gebaut und betreut auch die andere und eine dritte an der Quelle. Den Text hat ein anderer Herr H. aus dem Ort zusammengestellt. Aufgegriffen wurde die Idee vom Kirchbauverein, abgestimmt wurde sie selbstverständlich mit dem Ortschaftsbürgermeister, der auch für die Übernahme der

Materialkosten sorgte. Schön, dass es noch Menschen gibt, die sich solcher heimatpflegerischen Dinge annehmen.

Übrigens: Die erwähnte Sitzgruppe geht auf die Initiative eines engagierten Bürgers aus Kleinrettbach zurück, Herrn S. Wenn ich auf einer der beiden Bänke sitze und meinen Blick über die Felder schweifen lasse, denke ich an ihn. Und an früher, als vielleicht nach einer ernsthaften, blutigen Auseinandersetzung mit schwerwiegenden Folgen das Sühnekreuz aufgestellt wurde.

(Beitrag für das Amtsblatt des Gemeindeverbandes)

»Machen täten wir schon, wenn wir könnten, wie wir wollten«

... habe ich neulich in fröhlicher Runde gehört. Worum ging es dabei?

Es ging um »das Thema« des Jahres 2019 – Wahlen in Thüringen (und anderswo) und in diesem Zusammenhang die Sicht unserer Menschen auf Politik und Gesellschaft ... und deren Bereitschaft, daran aktiv mitzuwirken.

Partizipation ist das Fremdwort dazu. Es meint in hohem Maße das ehrenamtliche Engagement der Bürger für ihre Gemeinde, ihre Stadt und ihr Land in Gestalt von Volksvertretern oder wie immer die Gremien sich nennen. Aufgerufen wird dazu recht viel, es fehlt jedoch an den nötigen Hintergrundinformationen und an Wissen, um den einen oder anderen fähigen Mann – oder noch besser: die fähige Frau – aus der Sofaecke herauszulocken.

Nach welchen Grundsätzen und Regeln funktionieren diese Gremien – theoretisch und noch wichtiger in der Praxis? Welche Erfolge und Hemmnisse gab es diesbezüglich in der Vergangenheit? Was muss sich ändern und vor allem WIE?

Finden genügend öffentliche Diskussionen dazu statt? Zum Beispiel wenn es um Baumaßnahmen im Ort geht, die die Bürger direkt betreffen? Wo man nicht nur mit dem Verweis auf Sprechzeiten auf den Bürger wartet, sondern aktiv auf ihn zugeht, ihn in geplante Vorhaben einbezieht, statt ihn hinterher mit Überraschungen zu »beglücken«.

Gibt es kontinuierliche Informationsveranstaltungen, bei denen die gewählten Amtsträger Rechenschaft über Geleistetes ablegen und Planungen für Zukünftiges mit den Bürgern diskutieren?

Es geht also um Transparenz der Arbeit, um Nachvollziehbarkeit, Offenheit und Ehrlichkeit und vor allem Informiertheit der Bürger, deren Vertreter dann Entscheidungen zu treffen haben.

Das sind nur einige Fragen, die in dem saloppen Wortspiel der Überschrift mitschwingen.

Das weit verbreitete Argument der fehlenden Bereitschaft unserer Menschen zum gesellschaftlichen Engagement mag hier und da eine reale Beobachtung sein, eine echte Ursachenforschung findet aber kaum statt.

Wer das lenken und leiten soll? Na die, die an den Schaltstellen dafür sitzen und bezahlt werden. Unsere Profi-Politiker, die zumindest vor Wahlen so großen Wert darauf legen, dass Mitbestimmung in ihren Gremien nicht nur Gesetz, sondern Realität sein muss. Und noch jemand: der, der den Satz oben (Überschrift) gesagt hat. Der damit zum Ausdruck bringt, dass die Bereitschaft schon da wäre, wenn ... Und vielleicht muss und wird der auch lernen müssen, dass nicht alles geht, was man sich wünscht, dass es echte Gründe dafür gibt und dass Kompromisse nötig sind – auch wenn es schwerfällt. Der Dialog macht's möglich!

(ebenfalls zur Veröffentlichung im Amtsblatt eingereicht, aber nicht realisiert)

Der Corona-Boom

Die Inzidenzen in meinem Landkreis sind mehr als doppelt so hoch wie im Bundesdurchschnitt. Die Intensivbetten sind fast vollständig belegt. Und noch immer »verweigert man sich seiner eigenen Intelligenz« (Zitat Ramelow). Wer ist eigentlich »man«?

Größtmögliche Sicherheit bietet nur die Kontaktvermeidung. Das ist absolut nicht möglich. Dann müsste ein aktueller Corona-Test aktuelle Sicherheit bieten. Das scheint schwierig zu realisieren, weil wahrscheinlich Mittel und Personal dafür fehlen. Dann wären die Kontaktregeln 2G, also vollständig geimpft oder genesen, oder 3G, also geimpft, genesen oder negativ getestet. Letzteres wird beworben und zu realisieren versucht. Jedoch: Die in der Vergangenheit erfolgten Appelle in Bezug auf die allgemeinen Hygienemaßnahmen sind weitestgehend verstummt und ihre Befolgung wird erst recht nicht kontrolliert. Viele Menschen denken, Impfung sei das Allheilmittel. Die Gegenwart belegt das nicht, viele Geimpfte liegen infiziert in Kliniken und infizieren wahrscheinlich andere. Die Booster-Impfung greift noch nicht in großem Maße.

Muss ich mich um jeden Preis in Situationen begeben, wo durch Ansammlung großer Menschenmengen das Virus auf seine Opfer lauert?

Muss man Veranstaltungen planen und durchführen, wo keine hundertprozentige

Erfassung und Kontrolle der Teilnehmer gewährleistet wird, um gegebenenfalls Quarantäne optimal zu gewährleisten?

Anordnungen »von oben« sind das eine – zusätzlich meiner eigenen Vernunft zu folgen scheint mir sehr wohl zu tun, hoffe ich auch weiterhin. Abwägung der Folgen im Zweifelsfall ist geraten. Sich beschränken bietet Möglichkeiten des Nachdenkens über zukünftiges nachhaltiges Verhalten, auch über diese Corona-Pandemie hinaus.

»Die Zeit ist aus den Fugen«

Isolation, Nichts-tun-Können, Rückzug, Sorgen, Resignation, Angst, Tod.

Wer kennt das eine oder andere davon nicht? In was für einer Zeit leben wir eigentlich?

Ein Blick auf »Zeit« lässt uns in drei Ebenen denken: Vergangenheit, Gegenwart, Zukunft. So sollten wir uns auch fragen, woher die tiefe, allumfassende Betroffenheit von dieser Katastrophe, kurz COVID-19 benannt, kommt. Ursachenforschung bei Katastrophen ist ja üblich. Das wäre der Teil Vergangenheit. Dazu gäbe es viel zu sagen und noch zu klären, betreffs Virusherkunft.

»So kann es nicht weitergehen«, hört man oft. Wenn die Gegenwart unerträglich wird, analysiert man die Vergangenheit und sucht nach Lösungen für die Zukunft, richtig. Falls man bei der Vergangenheitsanalyse erkennen würde, dass unser menschliches Verhalten einen wesentlichen Anteil an der Pandemieentstehung hat, müsste man überlegen, was daran gegenwärtig zu ändern wäre, um zukünftige Wiederholungen möglichst zu vermeiden. Tun wir das? Noch immer ist der Ursprung des Virus nicht ganz klar. Aber wenn es von Fledermäusen stammt und über Wirte oder direkt auf Menschen übertragen wurde, dann müsste es etwas mit menschlichem Umgang mit den Tieren zu tun haben. Welche Schlussfolgerungen ziehen wir daraus?

Betrachten wir Krise auch immer als Chance – nicht nur in Worten, sondern mit Taten? Wollen und sollen wir wirklich zu den alten Verhältnissen wie vor der Krise zurückkehren? Oder lieber alte Gewohnheiten und Ansprüche überdenken, vielleicht sogar davon ablassen? Durch Erfahrung klüger werden, indem wir unser Mensch-Natur-Verhältnis weiterentwickeln?

Könnten darin Ansätze liegen, unser Bild von der Welt und unsere Stellung darin weiterzuentwickeln? Nicht nur in China und der Ausbruchsregion? Ja, vielleicht in dem Selbstverständnis eines jeden Einzelnen von uns? Auf der Grundlage unserer persönlichen praktischen Erfahrungen mit unseren Köpfen, Herzen und Händen: Wer/was sind wir? Woher kommen wir? Wohin gehen wir? Große philosophische Fragen, die bei Weitem nicht nur Philosophen interessieren sollten, sondern auch Psychologen, Soziologen, Hirnforscher, Umweltaktivisten – Wissenschaftler, die mit ihren Erkenntnissen uns allen eine Grundlage vermitteln könnten, was unser Leben lebenswert und vor allem zukunftssicher macht. Uns alle sollte es berühren, denn wir sind alle Geschöpfe der Natur. Wir wollen leben inmitten von Leben, das leben will. Und manchmal sind es die ganz einfachen, urtümlichen Instinkte, die uns sagen, was uns guttut.

Vielleicht hätten damit unsere Politiker eine bessere Basis, den Menschen glaubhafter als bisher zu vermitteln, worum es im tiefsten Sinn der gegenwärtigen Krisenbewältigung geht. Damit wir alle mehr Verständnis und Einsichten in Ursachen und Wirkungen entwickeln, um unliebsame Einschränkungen unserer mit Recht so geliebten Freiheit besser zu verkraften oder gar zu vermeiden. Manchmal genügt dazu sogar eine ganz einfache Rückbesinnung auf unsere urtypischen sinnlichen Wahrnehmungen und primären Naturerfahrungen (sofern wir solche noch haben).

Dass dabei die Natur- und Umweltproblematik mit an vorderster Stelle der Betrachtungen stehen muss, dürfte selbstverständlich sein. Oder? Das geht schon bei der Begriffsbestimmung los: Sind wir mit der Pandemie wirklich einer Naturkatastrophe ohnmächtig ausgesetzt? COVID-19 ist nicht die erste und wird nicht die letzte Pandemie sein …

Viele Fragen und Konjunktive – wir brauchen nachvollziehbare Antworten, die zu klugem und konsequentem verändertem Handeln führen.

Wohin geht die Reise?

Kriege wüten fern und nah, Umweltkatastrophen verwüsten Teile der Erde, Seuchen und Krankheiten verbreiten sich. Mittendrin wir, die Menschen, in offensichtlicher Ohnmacht, Ratlosigkeit und Uneinigkeit. Wir sehen uns als Betroffene und sind doch zugleich auch Verursacher. Sehen wir das auch? Wenn dem so ist, dann können auch nur wir eine gemeinsame Zukunft gestalten. Wie könnte das aussehen?

Im Kampf gegeneinander darum, wer über die größte Macht verfügt und andere zu seinen Abhängigen macht oder selbst erpressbar wird? Weil ja nicht alle alles haben können? Schließlich leben wir ja nicht im Schlaraffenland! Aber muss es Herren und Diener geben, wer will, wer soll Hammer oder Amboss sein? Schließlich war das schon immer so, mehr oder weniger ...

Ja, wir hier leben nicht mehr in der Zeit größter Entbehrungen. Aber kann es denn nur glückliche, zufriedene und reiche Menschen auf dem gesamten Erdball geben? Ist das ein anzustrebendes Ideal oder ein fragwürdiges Idol? Welche realistischen Optionen haben wir eigentlich für ein Überleben in Würde und relativem Wohlstand?

Mein gesunder Menschenverstand sagt mir zweierlei:

Erstens: Die Grunderkenntnis muss sein, dass wir Menschen sowohl aktive Gestalter unseres Erdenlebens sind wie zugleich auch tief in »Mutter Erde« verwurzelt und von ihr abhängig sind. Das bedeutet, wir haben die Möglichkeiten, alles zum Guten zu richten oder uns abzuschaffen.

Den Planeten langfristig zu erhalten heißt, uns selbst eine Zukunft zu geben! All die Konsequenzen, die damit verbunden sind, scheinen noch nicht in den Köpfen und Herzen aller angekommen zu sein. Und Kriege waren und bleiben nie Mittel zur Zukunftsgestaltung der Menschheit.

Und zweitens: Nur in Gemeinsamkeit, im Miteinander, im Verständnis für den Andersdenkenden und Andershandelnden können wir Zukunft gestalten. Eine produktive, friedliche Auseinandersetzung auf der Grundlage von Argumenten ist dabei unumgänglich.

Unsere Erde ist »klein geworden«. Immer mehr Menschen drängen sich auf ihr und wollen gut leben. Milliarden werden noch hinzukommen. Und wo das aus den oben genannten Gründen nicht mehr geht, verlassen viele ihre Heimat und gehen an Orte mit Zukunft für sie, wenn es sein muss mit Gewalt. Selbst Mauern halten sie nicht zurück, das hat langfristig selbst die größte, die chinesische, nicht geschafft – wenn auch aus anderen Gründen.

Wir sind zum gemeinsamen Handeln verdammt, nur miteinander und nicht gegeneinander haben wir eine Chance. Feindbilder taugen nichts mehr.

Das betrifft in besonderem Maße die Verantwortung Tragenden in den Regierungen auf allen Ebenen, von der kleinsten Kommune über die Bundesländer bis zur Bundesregierung – ja eigentlich weltweit. Die kontinuierlichen Streitereien und das parteienstrategische Hickhack in der Tagespolitik belegen zurzeit das Gegenteil. Es ist noch komplizierter: Die schon bestehenden globalen Verflechtungen auf vielen Gebieten – um nicht zu sagen: Abhängigkeiten – sind nicht mehr in Kleinstaaterei und Alleingänge einzelner Staaten zurückzudrehen, um Zukunft für unseren Planeten für alle Menschen zu gestalten.

Kurzum: Globale Probleme können nur global gelöst werden.

Aber auch wir alle, jeder Einzelne ist hier gefragt. Soziales Engagement und sozialer Frieden beginnen in der Familie. Ein jeder ist aktiver Mitgestalter und nicht passiver Betrachter von außen. Überwindung von Egoismus, Engstirnigkeit, Hass und Feindschaft – bedingungsloses Gemeinwohl ohne Aufgabe der eigenen Persönlichkeit und territorialer Besonderheiten als oberstes Prinzip und Ziel müssen gelten.

Kann das überhaupt weltweit gelingen? Ist das nicht Utopie?

Gibt es eine echte Alternative und was wäre die?

Wie werden die uns nachfolgenden Generationen – sofern es sie geben wird – über uns urteilen?

Wer hat wohl recht: die, die sagen, es ist fünf Minuten vor zwölf, oder die, die sagen, es ist fünf Minuten nach zwölf?

Die Hoffnung stirbt zum Schluss.

… denn sie wissen nicht, was sie tun – und wollen

Das erste Erwachen eines Großteils besonders junger Menschen nach dem Brexit in Großbritannien war seinerzeit deutlich zu vernehmen. Im großen Amerika brodelt es nach dem »Schlag gegen das Establishment« des Herrn Trump mächtig. Die AfD bei uns ist bei Weitem nicht mehr das, was sie selbst sein wollte … Kriegt Le Pen in Frankreich auch noch diese Kurve mithilfe der »selbst ernannten Besserwisser«?

Diese Anti-Wähler wissen zwar, wogegen sie sein wollen – und da ist ja offensichtlich was dran –, haben aber keinesfalls tragende, nachhaltige Gegenkonzepte, die die

Welt auf Dauer besser machen könnten. Man kann nicht nur etwas nicht wollen, man muss auch konkret wissen, was man will. Und das müssen dann breite Schultern tragen. Einige »ewig Gestrige« haben nicht verstanden, dass wir alle bereits in einer globalisierten Welt leben, ob wir es wahrhaben wollen oder nicht.

Ich spüre Gegenwind: Des Wählers Wille sei in einer Demokratie zu respektieren. Ja klar, aber nur der des mündigen Bürgers. Des Bürgers, der sich umfassend informiert, damit er die Lage verantwortungsbewusst im Kleinen wie im Großen beurteilen kann und so Schlussfolgerungen an der Wahlurne zieht, die die Gesellschaft nachhaltig gestalten können. Und diese Befähigung geht leider Menschen hier wie da oftmals ab. Nicht nur, weil einige Menschen sich nicht die Mühe machen wollen, sondern auch, weil manche Politiker die globalen Erfordernisse der Zeit nicht klar aufzeigen können oder wollen, keine Wege dahin glaubwürdig vermitteln und bei den Menschen dafür nicht werben und darum ringen, ja kämpfen. Mit Offenheit, Klarheit, Geradlinigkeit, Verständlichkeit und ohne kurzzeitige parteipolitische Machtansprüche. Und die Medien berichten eben nicht immer in der nötigen Sorgfalt und Breite und Ausgewogenheit: Only bad news are good news? Investigativer Journalismus? Hier wiederum ist der »mündige Bürger« gefragt. Er muss seinerseits das »Puzzle« der Kurz- und Halbinformationen ergänzen und zu »einem ganzen, seinem Bild« zusammensetzen, bevor er an die Wahlurne oder erhobener Faust auf die Straße tritt.

So einfach und so schwer ist das. Aber nur so kann Demokratie wirklich funktionieren.

Gedankensplitter

Maxime

Ich sage, was ich denke,
und
Ich tue, was ich sage

Gut leben statt viel haben

durch:
Liebe/Empathie
Neugier/Phantasie
Offenheit/Beweglichkeit
positives Denken/Zweifeln
Geradlinigkeit/Differenziertheit
Angemessenheit/Bescheidenheit

Wir realisieren uns und unsere Mitwelt unterschiedlich

Mit unseren Köpfen und Hirnen versuchen wir, die Realitäten um uns zu erfassen und rational zu bewerten.

Mit unseren Sinnen nehmen wir verschiedenartig wahr und formen so unser Innenleben. Das trägt zum sogenannten »Bauchgefühl« bei.
Eine wesentliche und oft unterschätzte Rolle zusätzlich spielt das Unterbewusstsein in uns, das Unbewusste.

So lebt ein jeder von uns in seiner Realität und noch mehr in seiner Wirklichkeit, wobei Wirklichkeit mehr ist als Realität ...

Erleben statt nur sehen

Ich habe in China nicht nur auf der Großen Mauer gestanden, sondern bin auch durch die Slums am Rande der Stadt gegangen und habe mit vielen Menschen Kontakt gehabt ...

Ich bin nicht nur im peruanischen Dschungel über den Amazonas geschippert, sondern habe in ihm gebadet und in einem traditionellen Dorf habe ich vom Ayahuasca-Trunk gekostet und der Schamane hat mir die Hand aufgelegt ...

Ich wurde nicht im bequemen Bus durch die afrikanische Savanne gefahren, sondern ich bin vom offenen Jeep den Big Five ganz nah gekommen, habe einer Löwin Aug in Auge gegenüber gestanden ...

Ich liege nicht nur zu Hause im Garten und höre und sehe die Stare im Kirschbaum, ich kämpfe auch mit ihnen um »meine« Kirschen – mit meiner Stimme!, aber sie behalten die Oberhand ...

Ich sehe nicht nur im TV die unwürdige Massentierhaltung, sondern ich gehe auch zunehmend bewusster einkaufen und esse weniger Fleisch.

Ich rede nicht nur über Ökologie und Umwelt, sondern versuche auch ständig durch mein Verhalten einen Beitrag zu leisten, zum Beispiel beim Fleischverzehr, Strom- und Wassersparen ...

... denn was ich ERLEBT habe, ist zu »meinem Besitz« in mir geworden. Das ist immer gegenwärtig und bestimmt mein Handeln im Alltag. Wissen allein genügt nicht!

Die Natur ist ...

Die Natur ist ein sich selbst regelnder Kreislauf. Es bedarf also grundsätzlich keines Eingriffs von außen. Der Mensch muss sich als ein kleiner Teil dessen verstehen, was schon Milliarden Jahre auf der Erde entwicklungsgeschichtlich funktioniert. Selbstverständlich sind wir alle aktive Mitgestalter dieses Prozesses. Maßt sich der Mensch jedoch an, sich über das System zu stellen, gefährdet er den gesamten Planeten und kann sich selbst vernichten. Letzteres dann wohl zu Recht.

Mein Daseinsverständnis

Ich bin ein sehr kleiner Teil eines riesigen, sich selbst regulierenden Systems, das man auch als »Organismus« verstehen kann – unserer Erde. Man kann sogar noch weit darüber hinausgehen, was jedoch die menschliche Fassbarkeit und Vorstellungskraft übersteigt.

Jedes kleine Element in dem großen Daseins-Gefüge ist in seiner natürlichen und begrenzten Existenzberechtigung wichtiger Mitgestalter dieses faszinierenden Prozesses, den wir Leben nennen. Das heißt, alles hängt mit allem zusammen.

Ich möchte an meinem Lebensende rückblickend sagen können, ich habe meinen Part darin einigermaßen angemessen »gespielt« und war – so weit wie möglich – aktiver Mitgestalter hin zum Guten und nicht nur passiver Beobachter und Kritiker.

Meinen Optimismus schöpfe ich aus der begründeten Ahnung, dass der Sinn meines Lebens dort angelegt ist, wo ich zwar keine Einblicke und Verständnisse mehr habe, aber die Sinnhaftigkeit das Leben a priori vorgegeben ist.

Weisheiten, die Entscheidungen erleichtern

- Extreme sind meist falsch. Die »Wahrheit« liegt immer in der Mitte.
- Auch das Gegenteil einer Aussage oder Behauptung ist oft richtig. Deshalb dreh es auch mal um.
- In der Auseinandersetzung mit anderen versetze dich auch mal in deren Lage und urteile objektiv, überlegt und mit nachvollziehbaren Begründungen.
- Triff wichtige Entscheidungen nie eigensinnig ohne Einbeziehung anderer Meinungen und vielfältiger Hilfsmittel. Überschlafe diese mindestens einmal.
- Gibt es bei schwierigen Entscheidungen nachvollziehbare Argumente sowohl für die eine wie auch für eine andere Haltung, so lass möglichst beide gelten oder urteile aufgrund deiner eigenen Erfahrungen, wenn es sein muss.

Stückwerke

Liebe

Verliebtheit unterscheidet sich von wahrer Liebe in dem Maße, wie es gelingt, den anderen immer weniger so zu mögen, wie man ihn sehen will, sondern so, wie er wirklich ist.

Nicht wie ich den anderen sehe, sondern wie dieser wirklich ist – nur das kann die Basis wahrer Liebe sein.

Verliebtheit lässt den anderen so erscheinen, wie ich ihn in meiner Bedingtheit sehen will. Liebe mag den anderen so, wie er wirklich ist, bedingungslos.

Genug ist nicht genug

Es genügt nicht zu wissen, was man nicht will,
und das Chaos der Norm vorzuziehen.
Man muss sein Leben auch gut leben können,
um in Glück und Verantwortung so Zukunft zu gestalten.

Nachgedacht

Um mein Leben in Glück und Verantwortung leben zu können,
genügt die Erkenntnis nicht, aus dem quälenden Alltag aussteigen zu wollen.
Ich muss auch wissen, wohin ich konkret einsteigen will
und ob und wie ich damit alltagstauglich gut leben und Zukunft gestalten kann.

Reflexion am Ende

Ich bereue nichts, was ich getan habe. Ich stehe zu fast allem.
Ich vermisse fast nichts, was ich nicht getan habe. Ich habe fast alles getan.

Meine, deine, unsere Liebe

Es gibt Wünsche, die wir leider nicht immer gemeinsam realisieren können – aus
ganz verschiedenen Gründen. Ich würde es gerne sehen, wenn du dann für dich und
zu deiner Zufriedenheit alles auch ohne mich tust, um dein Glück zu finden – auch
mit fremder Hilfe und im Bewusstsein, dass es nicht ganz dasselbe ist, wie in Zwei-
samkeit zwischen uns.

Aufarbeitung von offensichtlichem Fehlverhalten

1. Aufarbeitung, das heißt Analyse, Ursachenforschung, schonungslose Offen-
legung, Transparenz!
2. Schlussfolgerungen daraus als Grundlage für Prävention:
- Fehlerkorrektur (soweit möglich, zum Beispiel angemessene Entschädigung),
- glaubwürdige Wiedergutmachung,
- Opfer um Entschuldigung erbitten (statt sich selber zu entschuldigen),
- Rechenschaftslegung von Verantwortlichen und persönliche Konsequenzen für
Fehlverhalten,
- Geschädigten neue Chance geben,
- verlorene Glaubwürdigkeit zurückzugewinnen durch Taten,
- Fehlverhalten eingestehen

Wie steht es um die christlich geprägten Begriffe wie:

- Schuld und Sühne,
- Buße, Reue,
- Schamgefühl,
- »im Namen Jesu Christi ...«, um Vergebung bitten,
- bei den Armen, Kranken und Opfern von Gewalt sein

Weimar – im Zwiespalt meiner Gedanken und Gefühle

Wieder mal in Weimar. Wieder mal dieses eigenartige Gefühl, das mich hier und nur hier befällt. Über viele Jahre hinweg bin ich von dieser Stadt in einem Maße angezogen worden, das ich schwer meinen Mitmenschen vermitteln kann. Besonders seit jenem Tag, als ich zur Einweihung der Ausstellung »Sowjetisches Speziallager Nr. 2« auf dem Ettersberg eingeladen war, packt mich jedes Mal die Ambivalenz meiner Gefühls- und Gedankenwelt so voll am Schopfe, dass ich diesen Stadtbummel wohl nur mit mir alleine bewältigen kann und immer wieder aufs Neue bewältigen muss. Kein Mensch darf mich jetzt in die kulturellen, gastronomischen, künstlerischen Angebote und vor allem in die unendlichen Verkaufs- und Handelstätigkeiten der City verwickeln. Ich nehme diese Alltagsrealität nur indirekt als Kulisse wahr. Ein einziges Mal kam es vor, dass ich am Schaufenster eines Töpferladens stehen blieb und nach langem Zögern mich entschloss, einen Keramikkrug zu kaufen, der mich in seiner Einfachheit, ja Unfertigkeit und vielleicht sogar Mangelhaftigkeit (schief angesetzte kleine Henkelschlaufen) ansprach.

Am wohlsten fühle ich mich aber bei einem Spaziergang im Park an der Ilm, Goethes Gartenhaus immer im Blickfeld. Die sich dahin schlängelnde Ilm, grüne, satte Wiesen, alte Bäume mit sich sonnenden oder lernenden jungen Menschen dazwischen ...

Assoziationen zu gelesenen Werken des Großmeisters kommen auf, ich sehe den Faust auf den Brettern des Nationaltheaters, erinnere Fakten aus seinem Wirken, nicht nur als Dichter ...

Daneben Schiller, Liszt, Bach ... Feininger, Bauhaus, ... was für eine Stadt, was für ein Erbe.

Und dann taucht plötzlich wieder im Hinterkopf das andere Weimar auf, das auf dem Buchenwald ... Schrecken, Grauen, Scham ...

Kann sich die Erlebnisbreite von Gutem und Bösem, von Menschlichkeit und Unmenschlichkeit, von Kultur und Unkultur, von Kunst und Schund, von Liebe und Hass, von Erhabenem und Erniedrigendem irgendwo deutlicher zeigen als an diesem Ort?

Heute gehe ich wie meist meine Lieblingsstrecke ab. Ein Schlendergang über den Markt steht am Anfang, nachdem ich mich praktisch von hinten in die Stadt eingeschlichen habe. Marktbuden bieten von Gewürzen und Grünpflanzen über Keramiktöpfe und Schuhputzcreme bis zur Thüringer Bratwurst und Petroleumlampe alles, was das Herz begehrt. An der einen Ecke gucke ich in den Laden der Weimarer Klassikstiftung und versorge mich mit den aktuellen Prospekten und Programmen zu Kultur und Kunst, Nationaltheater, Musikleben, Ausstellungswesen, Vortragstätigkeit ...

In der wider Erwarten dicht belebten Schillerstraße an einem ganz normalen Montag Ende Mai tönen Gitarre und Geige romantische Weisen in den trüben Vormittag.

Der offene Geigenkoffer vor den jungen Straßenmusikanten ist noch leer. Ich beobachte den im schwarzen Anzug streng wirkenden, aber sehr bewegt und locker spielenden Geiger und den leger auf der Betonbank sitzenden begleitenden Gitarristen. Wenige vorbeieilende Leute nehmen die beiden wirklich wahr. Ob es Musikstudenten sind? Wo kommen sie her? Was motiviert sie, hier zu spielen? Und sie sind nicht die einzigen derartigen Straßenmusikanten. Mich ziehen sie alle immer irgendwie in ihren Bann. Ich schaue auf ihre Finger und in ihre Gesichter und tausend Fragen tun sich mir auf. Eigentlich will ich sie gar nicht alle beantwortet haben, das Geheimnisvolle soll bitte erhalten bleiben.

Ich komme bei Schiller und Goethe am DNT an. Bewunderung und Hochachtung wechseln mit Demut und Trauer um verlustig Gegangenes. Ich habe es umfassender, als es mir meine Deutschlehrer in der Schule vermitteln konnten, wissen wollen, welche Aussagen für mich zum Beispiel im »Faust« enthalten sind. Deshalb bin ich Deutschlehrer geworden, um herauszuholen und weiterzugeben, aus diesem Menschheitsmeisterwerk. Wen interessiert das noch heute? Oder kann ich noch jemandem zutrauen, mit mir über das Tanzstück »Mephisto« von Ivo Ismael zu reden? Dreimal habe ich die Inszenierung des brasilianischen Tanzmeisters und damaligen Chefchoreografen des DNT gesehen, und immer noch bin ich von diesem Werk völlig vereinnahmt. Warum? Weil ich mich darin finde. Weil es mir Antworten auf meine aktuellen Fragen gibt, weil es mir hilft, zu leben. Fast hätte ich gemeint, zu überleben, aber das wäre nicht nur zu pathetisch, sondern auch unangemessen angesichts der anderen, düsteren Seite Weimars.

Überleben – ein Stichwort dazu. Mein Großvater hat insgesamt sieben Jahre hinter Stacheldraht gehaust, sieben Jahre »lebendigtot« (wie er selbst schrieb) überlebt. Nach den allseits bekannten Jahren des nazistischen Buchenwald. Dessen Bilder treiben einem das Grausen und mir auch Scham ins Blut, wenn ich mich an die breit vermittelten Dokumentationen von der Zeit vor 1945 erinnere. Aber jetzt, viel später, diese neue Erkenntnis zum lange verschwiegenen Buchenwald von 1945 bis 1950. Das traf und trifft mich zumindest ebenso hart.

Ich habe die nach seiner Entlassung verfassten Tagebuchnotizen auf circa 150 Seiten kleinkarierten A5-Papiers, die er seinen beiden Enkeln, also mir und meinem Bruder, widmete, erst nach dem Tod des Opas bewusst wahrgenommen. Trotzdem gab es aus der Erinnerung der frühen Kindheit und Jugend Ereignisse und verbale Bemerkungen, die ich damals nicht richtig deuten konnte, die aber später nach und nach so etwas wie ein Puzzlebild ergaben. Grauenvoll und unvorstellbar, wie man so etwas relativ unbeschadet und ohne verbitterten Hass überleben kann – das war mein späteres Fazit.

Das also war und ist Weimar. Ein Abbild des Lebens in seiner Vollkommenheit von einem Extrem bis zum anderen? Ich frage mich: Ist in mir tief im Inneren nicht auch diese Bandbreite zumindest angelegt? Ist der Begriff »Extremismus« nicht zu negativ besetzt und sollte man nicht lieber diese Polarität, diese Bandbreite akzeptieren? Sind wir nicht alle ein bisschen Faust und Mephisto zugleich?

Ich sitze im »Resi« und trinke mein Guinness-Bier. Schon vor 150 Jahren entwickelte sich dieses Lokal zu einem Ort der Einkehr und Unterhaltung. Das Goethezimmer unmittelbar nebenan erinnert daran, dass der große Meister gleich im anschließenden Gebäudetrakt seine erste Wohnung in Weimar hatte. Ich sinniere und spekuliere, nein, ich bin mir letztendlich sicher: Der alte Meister hatte die ganze Palette menschlicher Denk- und Verhaltensweisen schon erfasst. Die Frage ist nur, wie man damit umgeht und lebt ...

Der Weg nach Hause ist noch geprägt vom Versuch zu sortieren und zu bewerten.

Nimm mich so, wie ich bin! – oder: Jeder kann sich ändern!

Um meine Meinung und Erfahrung gleich deutlich zu sagen: sowohl als auch. Mit einer differenzierten Betrachtungsweise versuche ich herauszufinden, ob es sich bei dem entsprechenden Menschen und der jeweiligen Situation um eine sehr elementare, wesentliche, genetisch-anlagenbedingte oder vielleicht sogar krankhafte Haltung, Einstellung, Reaktion handelt (z.B. einen echten Tic haben, vererbte oder pränatale Schädigungen). Hier sind wohl die Chancen, grundlegende Änderungen herbeizuführen oder zu erwarten, gering. Handelt es sich dagegen um unbedachte, seltene Unbeherrschtheit, also ein einmaliges oder nur in einer ganz bestimmten Situation vorkommendes »Ausrasten« durch übermäßige Lautstärke, Schimpfworte oder sogar leichte Handgreiflichkeiten, dann sehe ich die Möglichkeit einer Aufarbeitung und Verhaltensänderung gegeben. Dies sollte man dann auch in Angriff nehmen, weil es positive Veränderungen – also ein Dazulernen – von uns allen immer geben kann und auch gibt.

Diese Abwägung ist meist ein sehr schmaler Pfad, aber man sollte ihn zu gehen versuchen und es sich nicht zu einfach machen. Auch hier gilt die ungeschriebene Regel: nicht *entweder oder*, sondern *sowohl als auch* kommt im richtigen Leben in seiner ganzen Vielfalt und Gegensätzlichkeit vor. Damit mache ich es mir zwar nicht leicht – leicht wäre die schnelle Entscheidung für ausschließlich eines von beiden –, aber ich werde damit meines Erachtens der Lebenswirklichkeit einigermaßen gerecht. Das hat dann positive Auswirkungen auf das weitere angemessene und befriedigende Verhalten und Kommunizieren untereinander.

Zusatzbemerkung/Erfahrung:
Wer andere aufgrund ihrer Erfahrung und/oder Faktenkenntnisse »Klugscheißer« nennt und sich gemaßregelt fühlt, versucht meist, seine eigenen Lücken zu ignorieren und andere »anzugreifen« ... statt sich einer kritischen Selbstbetrachtung und einer gewissen Lernfähigkeit zu öffnen. Selbstvertrauen ist gut, wenn es auf solider Basis beruht, Selbstzweifel aber ebenso.

Ich darf niemandem ...

Ich darf niemandem, der ein anderes weltanschauliches, kulturelles oder religiöses Selbstverständnis hat, meine eigene diesbezügliche Haltung aufzwingen.

Das gilt für den ganz persönlichen zwischenmenschlichen Umgang ebenso wie für den Umgang von Staaten und Völkern miteinander.

Die Achtung ausnahmslos aller Persönlichkeiten und Gruppierungen ist Voraussetzung für ein friedliches Zusammenleben auf allen Ebenen.

Die einzige Bedingung und Voraussetzung dafür ist, dass keine lebensbedrohenden Gefahren jeglicher Art von jeweils Andersdenkenden ausgehen.

Nachwort

Gewöhnlicherweise ist an dieser Stelle eine Reihe von Danksagungen und Nachbemerkungen zu erwarten – Danksagungen an Menschen, die Entstehung und Verlauf des Werkes wesentlich mitgeprägt haben. Da mein Buch sowohl formal als auch inhaltlich ein ungewöhnliches »Sammelsurium« und schwer in eine der üblichen »Schubkästen« einzuordnen ist, fallen mir derartige Zuordnungen schwer.

Selbstverständlich prägten meine Eltern nicht nur meine frühkindlichen Erlebnisse. Aber auch meine beiden Großeltern, die für mich jederzeit im Heimatdorf erreichbar waren sowie mein ländliches, teils bäuerliches Umfeld hatten Einfluss auf mein damaliges und späteres »Weltverständnis«. Felder, Wiesen, Wäldchen, Hinterhöfe, Dorfstraßen waren in der frühen Jugend meine Spielplätze, in denen ich mit anderen Gleichaltrigen die Welt erkundete. Das änderte sich natürlich mit dem Schulbesuch und extrem mit der Einberufung zum 18monatigen Grundwehrdienst. Doch auch in dieser nicht leichten Zeit hatte ich stets das gute Gefühl, mein Elternhaus als Fundament bei Problemen und Sorgen fest hinter mir zu haben.

Mein späterer sich weiter entwickelnder Meinungsbildungsprozess zu Gott und der Welt durch Studium und Berufsausübung bis zum Rentendasein ist geprägt von mannigfaltigen Begegnungen mit Menschen unterschiedlichster Mentalitäten, Weltanschauungen und persönlicher Gewohnheiten. Genau das formte mein Leben und ich wollte nie eine berufliche Tätigkeit, bei der man neun Stunden täglich an einer Maschine steht oder an einem mit bürokratischen Akten übersäten Schreibtisch sitzt.

Meine vielfältigen Tätigkeiten und damit verbundenen Erfahrungen als Freizeitpädagoge, Kulturmanager und wissenschaftlicher Mitarbeiter an einem umweltpädagogischen Projekt bis hin zu einem längeren Auslandsaufenthalt waren die Grundlage auch für die Vielfalt meiner schriftlichen Gedanken dazu. Hinzu kam der gewöhnliche Alltag mit all seinen politischen und sozialen Geschehnissen in der großen und in der kleinen Welt. Im Mittelpunkt standen dabei die Interessenfelder Sprache, Kultur, Kunst und Natur/Umwelt.

Die über 50jährige Begleitung meiner Frau sowie der Entwicklungsgang unserer beiden Kinder waren jedoch über die längste Zeit mein fester Halt und meine Motivation in Freud und Leid des Lebensalltags.

Nicht zuletzt entstand dieses Werk nach langem Zögern meinerseits durch das Interesse und die Unterstützung des BoD-Verlages, deren Mitarbeiter professionelle

Hilfe für strukturelle und inhaltliche Aufwertung gaben und somit Mut zur Veröffentlichung als ein Gesamtwerk machten.

Über den Autor

Ralf Bachmann wurde 1950 in Zwickau geboren. Er wuchs in der entbehrungsreichen Nachkriegszeit behütet zusammen mit dem jüngeren Bruder und umsorgt von Eltern und Großeltern in ländlicher Umgebung auf.

Nach Armeezeit, Lehrer-Studium und kurzer Tätigkeit im Schuldienst ist er als Freizeitpädagoge, Kulturmanager, wissenschaftlicher Mitarbeiter und freier Dozent tätig. Sein Streben nach neuen Herausforderungen lässt ihn von Beginn an nicht in Selbstgefälligkeit verfallen.

Sprache, Kultur, Kunst sowie Natur und Umwelt sind für ihn tragende Elemente sowohl ganz persönlicher als auch beruflicher Interessen. Im Mittelpunkt seines Wirkens steht immer der Mensch. So sammelt er von seiner Jugend an diesbezügliche Zitate und Auszüge aus gelesenen Werken und setzt sich später kritisch mit dem Zeitgeschehen auseinander. Es entstehen erste Aufzeichnungen persönlicher Erlebnisse und Erfahrungen. Sein Lieblingsschriftsteller wird Hermann Hesse, nicht nur mit seinen bekanntesten Romanen, sondern auch durch Briefwechsel, Anekdoten und Gedichte.

Erst zu Beginn des siebenten Lebensjahrzehnts entschließt sich Ralf Bachmann rückblickend, all die über kurz und lang festgehaltenen und in Inhalt und Form sehr unterschiedlichen Schriften zu veröffentlichen.